WLADIMIR SCHIRINOWSKIJ

»Was ich wirklich will«

Druck: DSZ-Druck GmbH, 81238 München
Printed in Germany
ISBN 3-924309-25-6

WLADIMIR SCHIRINOWSKIJ

»Was ich wirklich will«

FZ-VERLAG

Inhalt

ЖИРИНОВСКИЙ ВЛАДИМИР ВОЛЬФОВИЧ

ПРЕДСЕДАТЕЛЬ

ФРАКЦИИ ЛДПР в ГОСУДАРСТВЕННОЙ ДУМЕ
ФЕДЕРАЛЬНОГО СОБРАНИЯ РОССИЙСКОЙ ФЕДЕРАЦИИ

первого созыва

Исходящй N ЛФ–1706

от "17" июня 1994 года.

Самые сердечные приветствия
читателям этой книги и всему
немецкому народу.
Пусть русские и немцы будут
друзьями навсегда!
Да здравствует наша дружба,
испытанная веками!

Вл. Жириновский

Unter dem symbolträchtigen Datum des 17. Juni hat Wladimir Schirinowskij obiges handschriftliches Grußwort für dieses Buch verfaßt: „Ganz herzliche Grüße an die Leser dieses Buches und das deutsche Volk insgesamt. Mögen Russen und Deutsche Freunde für immer werden! Es lebe unsere in Jahrhunderten bewährte Freundschaft!"

WLADIMIR WOLFOWITSCH SCHIRINOWSKIJ
Vorsitzender der Fraktion der LDPR
in der Staatsduma

Vorwort

Russen und Deutsche sind nicht zur Feindschaft verdammt, sondern zur Partnerschaft bestimmt. Standen sie gegeneinander, war schreckliches Leid für beide Nationen die Folge. Fanden die beiden größten Völker des Abendlandes zueinander, hatte es für Deutsche wie Russen segensreiche Auswirkungen.

Deutsch-russische Kutursymbiose gab der Menschheit herrliche Güter des Geisteslebens. Das an Tapferkeit unübertroffene russische und deutsche Soldatentum bezwang in Waffenbrüderschaft gewaltige Reiche, die ganz Europa unterjochen wollten. Russen und Deutsche, zusammen rund dreihundert Millionen Menschen, ergänzen sich auch wirtschaftlich ideal: Deutsche Technologie und russischer Reichtum an Bodenschätzen gemeinsam zu friedlichen Zwecken genutzt – ein Wirtschaftswunder ohnegleichen in beiden Staaten könnte sich entwickeln, zum Vorteil vieler Völker.

Wie überhaupt das Zusammenleben von Staaten und Nationen, so kann auch eine deutsch-russische Partnerschaft dauerhaft nur gedeihen, wenn der Grundsatz der Nichteinmischung in die inneren Angelegenheiten des anderen streng beachtet und das Verhältnis des Partners zu dritten Nationen nicht bevormundet wird.

Ein Beispiel: Wer als deutscher Politiker die Beziehungen der Bundesrepublik zu den Vereinigten Staaten von Amerika davon abhängig machen wollte, wie Washington die Rassenkonflikte im Inneren regelt, das Verhältnis zu lateinamerikanischen Ländern ordnet oder für welchen Präsidenten sich die US-Amerikaner bei Wahlen entscheiden, der handelte töricht und gefährlich. Dasselbe gilt in bezug auf Rußland.

Hätte denn Friedrich der Große darauf bestehen sollen, daß Rußland sein Staatsmodell des aufgeklärten Absolutismus übernehmen müsse, bevor er das russische Ausscheren aus der todgefährlichen antipreußischen Allianz akzeptierte? Er hätte Staat, Thron und Leben verloren. Hätte der geniale Reichsfreiherr vom Stein, der als Berater des russischen Kaisers in Sankt Petersburg das deutsch-russische Bündnis im Befreiungskrieg gegen Napoleon schmiedete, die Übernahme seiner preußischen Reformpläne durch Rußland zur Voraussetzung erheben sollen? Rußland hätte ihn verstoßen, sich mit Frankreich arrangiert; Deutschland wäre zermalmt worden. Wie weise wäre es von Bismarck gewesen, die Verfassung des Norddeutschen Bundes als seligmachend auch für die Russen zu erklären und eine Kopie durch sie zu verlangen, ohne die es keinen Interessenausgleich geben könne? Es wäre ihm nicht gelungen, Rußlands wohlwollende Neutralität in den deutschen Einigungskriegen zu erreichen, und am 18. Januar 1871 hätte infolgedessen keine Reichsgründung stattfinden können. Verlangte Reichsaußenminister Rathenau von Rußland vor Rapallo einen inneren Umsturz mit Übernahme der Weimarer Reichsverfassung? Hätten die Deutschen Gorbatschows Bereitschaft, 1989/90 die Wiedervereinigung mit der DDR zu akzeptieren, zurückweisen sollen, weil der damalige Herrscher im Kreml zugleich Führer der russischen Kommunisten war?

Sich auf die eigenen, die deutschen Angelegenheiten zu konzentrieren, ist die Pflicht deutscher Politiker. Die Welt am eigenen Wesen „genesen" zu lassen – sei es auch mit besten und hehren Absichten –, heißt nichts anderes, als die Außenpolitik von den Füßen auf den Kopf zu stellen. Und solche Versuche der Weltbeglückung haben unter dem Strich der Geschichte stets nur Unheil gebracht.

Bei der Beurteilung einer jeden politischen Kraft im gewaltigen Reich des Ostens hat der verantwortungsvolle Deutsche die Kernfrage zu untersuchen: Bekundet diese russische Bewegung den Willen, es nie wieder zum verderbenvollen Kampf mit Deutschland kommen zu lassen und will sie an die Epochen segensreicher Zusammenarbeit anknüpfen?

Für meine politischen Freunde und mich war es klar, den Kontakt zu einem maßgeblichen russischen Politiker zu suchen, der öffentlich die deutsch-russische Partnerschaft verkündete. Hätte es nicht die positiven Reaktionen der Deutschen Volksunion und der nationalfreiheitlichen Presse auf Schirinowskijs Bekundungen zum deutsch-russischen Verhältnis gegeben, wäre dem Vorsitzenden der stärksten Partei des größten Staates der Erde infolge der weitgehenden Gleichschaltung der bundesrepublikanischen Medien aus Deutschland fast nur eisige Ablehnung entgegengeschlagen.

Mit geradezu perverser nationalmasochistischer Wollust gingen bundesdeutsche Meinungsmacher sofort daran, Schirinowskij, den Befürworter des freien, starken, souveränen Deutschlands, in die antideutsche Ecke zu drükken. Mit Inbrunst lauerte man auf den erhofften Schwenk des Russen ins deutschfeindliche Lager, um dann in Triumphgeheul ausbrechen zu können, daß man „es" ja schon immer gewußt habe.

Das erinnert mich an die Umstände des Deutschlandbesuches des US-amerikanischen Präsidenten Reagan 1985. Das amerikanische Staatsoberhaupt hatte sich außerordentlich prodeutsch im Vorfeld der Reise geäußert. Er beklagte ein den Deutschen aufgezwungenes Schuldgefühl, das unnötig sei,

wollte sich nicht an üblichen Anklagezeremonien beteiligen und hielt konsequent am Besuch des deutschen Soldatenfriedhofes von Bitburg fest. Die bundesrepublikanische Meinungsindustrie entfachte gegen ihn deshalb einen Sturm nationalmasochistischer Empörung, der die Windböen, die Reagan von deutschfeindlicher Seite in Amerika entgegenschlugen, noch übertraf. Während die Deutsche National-Zeitung wegen Reagans prodeutscher Bekundungen schlagzeilte: „Welcome, Mr. President", überschütteten Radikalbewältiger und -umerzieher in Deutschland das amerikanische Staatsoberhaupt für Bitburg mit Haß und Häme.
Soll man sich wundern, daß prodeutsche Kräfte im Ausland am Ende zurückweichen, wenn man sie selbst aus Deutschland heftigst attackiert? Wer mag glauben, daß ausländische Politiker deutscher sein wollen als die Deutschen?

Das vorliegende Buch bringt eingangs eine Übersicht zur 1000jährigen Geschichte deutsch-russischer Beziehungen, die weit überwiegend von guter Nachbarschaft geprägt waren. Es wendet sich dann der infernalischen Hetze bundesrepublikanischer Medien gegen Wladimir Schirinowskij nach seinem Wahlsieg des Dezember 1993 zu und zeigt unsere Bemühungen auf, den daraus drohenden Schaden abzuwehren. Schließlich bringt das Buch aus Schirinowskijs Feder Grundzüge einer neuen Partnerschaft der beiden größten abendländischen Völker.

Möge es nie wieder gelingen, Deutsche und Russen gegeneinander zu hetzen!

MÜNCHEN, IM JULI 1994 DR. GERHARD FREY

Tauroggen oder Stalingrad?

Zur tausendjährigen deutsch-russischen Geschichte

Entscheidende Fehler im deutsch-russischen Verhältnis wurden während der 40er Jahre des 20. Jahrhunderts begangen. Der deutschen Führung kam viel zu spät die Erkenntnis, daß Stalin nur mit Hilfe des russischen Volkes bezwungen werden konnte, nicht jedoch gegen die Russen. Wäre der Rußlandfeldzug von vornherein und konsequent als Befreiungskrieg auch im Interesse des unterdrückten russischen Volkes geführt worden, hätte der Zweite Weltkrieg mit an Sicherheit grenzender Wahrscheinlichkeit einen anderen, für Deutschland günstigen Verlauf genommen. Den Kardinalfehler haben nicht die deutschen Frontsoldaten zu verantworten, die sich in ihrer gewaltigen Mehrheit auch im Osten tapfer und ritterlich schlugen. Als die politische Führung Deutschlands den von Stalin abgefallenen russischen General Wlassow Ende 1944 als Waffenbruder akzeptierte, waren die Würfel bereits gefallen. Die Dinge konnten nicht mehr gewendet werden.

Die verspielten Trümpfe

Dann aber hatte Stalin alle Trümpfe in der Hand. Statt die Grundlagen einer vernünftigen, auf lange Sicht bestehenden deutsch-sowjetischen Verständigung zu schaffen, ließ er den von Hetzern wie Ehrenburg angestachelten Bestialitäten freien Lauf. Nicht nur Völker Ost- und Südosteuropas, sondern auch die Deutschen wurden in ein Meer aus Blut und Tränen gestürzt. Viel zu spät schenkte der Kreml-Herrscher maßvolleren Ratgebern und anständigen Militärkreisen Gehör.

Hätte sich Deutschland gegenüber den Russen ab 1941 so verhalten, wie es eigentlich dem deutschen Gemüt entspricht, und hätte sich Sowjetrußland gegenüber den Deutschen 1945 so benommen, wie es an sich der russischen Seele eigen ist: Es wäre nicht nur viel weniger Blut der beiden Nationen vergossen worden, man hätte auch das Unterpfand kameradschaftlicher Beziehungen zwischen den beiden größten Völkern des Abendlandes schaffen können.

Stalin beging einen weiteren folgenschweren Fehler: Er ließ es zu, daß von „seinem“ Teil des bezwungenen Deutschlands der Osten abgetrennt und weit überwiegend an Polen gegeben wurde. Dadurch war die spätere DDR, der unter Moskauer Kontrolle stehende mitteldeutsche Teilstaat, territorial, strategisch, wirtschaftlich und bevölkerungsmäßig zu schwach, um Anziehungskraft auf Westdeutschland entwickeln zu können. Stets war aber die auf das Gebiet zwischen Elbe/Werra und Oder/Neiße beschränkte DDR dem Magnetismus der Bundesrepublik Deutschland ausgesetzt. Wie anders hätte sich die Geschichte entwickeln können, wäre von Stalin nach 1945 ein ostdeutscher Staat geschaffen worden, der von der Elbe bis zur Memel gereicht hätte.

So war Stalin langfristig gesehen auch ein Totengräber seines Reiches. Was die ganze Welt an Entsetzlichkeiten in den von ihm eroberten Gebieten beobachten mußte, diskreditierte nicht nur den Kommunismus, sondern ruinierte auch den russischen Ruf. Nun hatten in Zentral- und Westeuropa Propagandisten leichtes Spiel, die Völker westlich des Eisernen Vorhangs im kalten Krieg auf einen engen Schulterschluß mit den Vereinigten Staaten von Amerika einzuschwören. Wer in Deutschland den Rat zu geben wagte, nach dem Vorbild Bismarcks, wenigstens aber Rathenaus (Rapallo), die russische Karte zu spielen, wurde mit dem Hinweis auf stalinistische Mordorgien propagandistisch niedergewalzt.

Deutsche und Russen haben die schweren Fehler der 40er Jahre bitter bezahlen müssen: Die Deutschen mit der Zerstückelung des Vaterlandes und einem jahrzehntewährenden Kolonialstatus ihrer Teilstaaten, die vor fremden Massenvernichtungswaffen starrten; die Russen mit zusätzlich nahezu einem halben Jahrhundert bolschewistischer Diktatur.

In jüngerer Zeit aber haben sich die Dinge grundlegend gewandelt. Deutschland konnte – vor allem durch eine Neuausrichtung der russischen Politik – Teilungsgrenzen an Elbe und Werra sowie inmitten Berlins überwinden, und die Russen sind von der Last des Bolschewismus befreit. Die Befangenheit im deutsch-russischen Verhältnis löst sich. Der Blick wird frei auf ein Jahrtausend Geschichte, das weit überwiegend gekennzeichnet war von einem geregelten Nebeneinander, oft sogar von segensreicher Symbiose.

Wellenbrecher asiatischer Erobererflut

Rußland hat wie Deutschland auch eine germanische Wurzel. Kein Geringerer als der berühmte Geschichtsforscher S. F. Platonow, seinerzeit Mitglied der Akademie der Wissenschaften Sowjetrußlands, anerkannte den von bolschewistischer Historiographie lange geleugneten erheblichen germanischen Anteil an der Staatswerdung Rußlands.

Zur Ausbildung erster Staatlichkeit im nachmaligen Rußland kam es in der zweiten Hälfte des 9. Jahrhunderts im Zuge der Landnahme von Wikingern, dort Waräger oder auch Rus genannt (daher wohl der Name Rußlands). Man nimmt an, daß der eigentliche Begründer Rußlands Rurik war. Er kam um 860 nach der Zeitenwende ins spätere Rußland und war vermutlich Befehlshaber der Warägerfestung Aldeigjuborg an der Mündung des Wolchow in den Ladogasee. Die Germanen kamen nicht nur als Feinde ins Land; sie halfen den Einheimischen auch, sich militärisch zu organisieren. Das war von entscheidendem Einfluß auf die Abwehr der Chasaren. Die hatten ein gewaltiges Reich im Süden geschaffen. Der Ursprung dieser Völkerschaft ist dunkel. Meist werden die Chasaren als turkstämmig bezeichnet. Zunächst schlossen sie sich dem Islam an, um dann im 8. Jahrhundert kollektiv dem Judentum beizutreten. Ihr Machtbereich erstreckte sich vom Kaspischen Meer bis nahe an Mitteleuropa. Sie konnten eine Gefahr auch für das im Geburtsstadium befindliche Deutsche Reich werden.

Unter Führung germanischer Waräger bezwangen die alten Russen im 10. Jahrhundert das riesige Chasaren-Reich. Damit erlösten sie auch das junge Deutschland und das gesamte Abendland von einem Alpdruck. Erstmals hatten die Russen als Wellenbrecher gegen Erobererfluten aus den asiatischen Weiten gewirkt.

Der Beginn geschichtlicher Gemeinsamkeit

Es ist nicht zufällig, daß Gründung und Aufstieg des ersten Reiches der Deutschen zeitgleich mit dem ersten staatlichen Erblühen Rußlands geschahen. Wie auch eintausend Jahre später das zweite Deutsche Reich von Bismarck wohl nicht hätte geschmiedet werden können, wären die Russen im Deutsch-Französischen Krieg 1870/71 nicht wohlwollend neutral geblieben.

Die Beziehungen schon zwischen dem jungen Deutschland des Kaiserreichs Ottos des Großen und dem Kiewer Staat, dem „ersten Rußland“, waren für damalige Verhältnisse und eingedenk der großen Entfernungen erstaunlich eng. Der russische Großfürst Wladimir (Waldemar, 980–1015) führte die griechische Kaisertochter Anna als letzte und endgültige Gemahlin heim. Damit wurde er Schwager des deutschen Kaisers Otto II., der mit Annas Schwester Theophano vermählt war. Wladimirs Sohn Jaroslaw verband zwei seiner Söhne mit deutschen Fürstentöchtern. Im Jahre 1088 heiratete der deutsche Kaiser Heinrich IV. in zweiter Ehe Adelheid, eine Tochter des Großfürsten von Kiew.

Schon zuvor, um das Jahr 1017, war das erste deutsch-russische Militärbündnis geschlossen worden, zwischen Kaiser Heinrich II., der von 1002 bis 1024

Kaufleute der Deutschen Hanse und Russen treiben miteinander Handel. Schnitzerei am Nowgorodfahrer-Gestühl der Nikolaikirche zu Stralsund, entstanden um 1400.

Gesandtschaft des Zaren Iwan III. beim deutschen Kaiser Maximilian I. im Jahre 1489. Holzschnitt von Hans Burgkmair.

Empfang deutscher Abgesandter in Moskau durch den Zaren im Jahre 1636. Zeitgenössischer Stich.

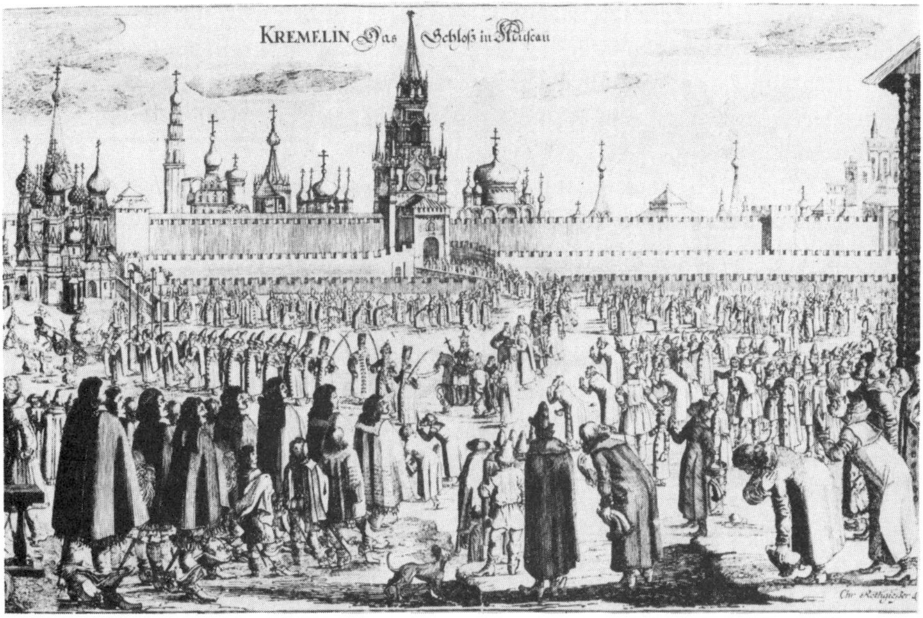

Deutsche Gesandtschaft in Moskau im 17. Jahrhundert. Zeitgenössischer Kupferstich von Christian Rothgießer.

herrschte, und Swjatopolk von Kiew, der von 1015 bis 1019 regierte, eines Nachfolgers des vorerwähnten großen Waldemar (Wladimir). Deutsche und Russen verbündeten sich gegen den gemeinsamen Feind Polen.

Die Zeit des Tatarenjochs

Im 13. Jahrhundert fegte der Tatarensturm das durch typisch germanische Erbteilungen geschwächte Kiewer Reich hinweg. Die Russen gerieten unter die Herrschaft der Goldenen Horde. Vergeblich leistete Alexander Newskij, der russische Nationalheld, Widerstand gegen die fremden Zwingherren.
Kaum war Rußland als Schild des Abendlandes im Osten zertrümmert, standen die Eroberer aus den asiatischen Weiten vor Deutschlands Pforte. Batu, der Enkel Dschingis-Khans, befahl seinen Reiterheeren den Vorstoß nach Böhmen und Schlesien. Herzog Heinrich II., der schlesische Leonidas, warf sich den Tataren bei Liegnitz am 9. April 1241 entgegen, wurde aber – vom Kaiser und vom Papst, die sich andernorts befehdeten, im Stich gelassen – vernichtend geschlagen. Der Tod des Großkhans verhinderte die völlige Unterwerfung Mitteleuropas durch die Tataren. Die ausbrechenden Diadochenkämpfe ließen die tatarischen Heere nach Osten zurückfluten.
Statt sich nun gegen die Goldene Horde zu verbünden, kreuzten Russen und Deutsche im Jahre 1242 am Peipussee die Waffen. Die Deutschordensritter unterlagen nach tapferem Kampfe einem Heer des russischen Großfürsten Alexander Newskij.
Rund zwei Jahrhunderte hing das Damoklesschwert neuer verheerender Einfälle aus dem Osten über Deutschland und dem gesamten Abendland. Die Gefahr wurde erst gebannt, nachdem sich der in Moskau residierende russische Großfürst Dimitrij Donskoy ermannte und den Waffengang gegen die Tataren wagte. Er schlug Khan Mamai am 6. September 1380 auf der Ebene von Kulokow (dem Schnepfenfeld) am Don. Das war ein Signal zur Befreiung der Russen vom Tatarenjoch und auch zur Erlösung Deutschlands von der Gefahr. Mit der endgültigen Abschüttelung der Tataren durch die Russen im Jahre 1480 und dem neuen Aufstieg Rußlands hatten auch die Deutschen im folgenden halben Jahrtausend Ruhe vor Eroberern aus Zentralasien.

Russen im Kampf gegen Deutschlands Hauptfeinde

Die Deutschen mußten sich in der früheren Neuzeit über Jahrhunderte nicht nur ständiger französischer Raubzüge erwehren. Sie waren auch Opfer polnischen Großmachtstrebens, schwedischen Imperialismus und des osmanischen

Ansturms aus dem Südosten. Das Deutsche Reich befand sich in einer tödlichen Umklammerung. Hätte in dieser Lage auch noch Rußland sein ungeheures Gewicht in die antideutsche Waagschale geworfen – die Deutschen wären rettungslos verloren gewesen. Daß es nicht zum Finis Germaniae, zum Ende Deutschlands, kam, lag vor allem an der sagenhaften Tapferkeit deutscher Soldaten in der Reichsverteidigung. Aber auch Rußlands Verhalten bewahrte das Reich vor endgültigem Verderben. Denn die Russen machten Front gegen die Hauptfeinde Deutschlands, gegen Polen, Schweden, Türken und später auch gegen Frankreich.

Nach Abschüttelung des Tatarenjochs hatte Moskau enge Beziehungen zum deutschen Kaiser, der in Wien residierte, gesucht. Deutschland leistete kulturell wie technologisch Hilfe. Besonders freundschaftlich gestalteten sich die deutsch-russischen Beziehungen unter Zar Iwan III. dem Großen und Kaiser Maximilian I., genannt „der letzte Ritter". Vom steirischen Freiherrn Sigismund von Heberstein, der Moskau 1516 bis 1518 und 1526 in kaiserlichem Auftrage besuchte, stammt der erste ausführliche, für Kulturhistoriker atemberaubende Bericht über das damalige Rußland („Reise zu den Moskowitern").

Es war auch ein großes Glück für die Deutschen, daß sich die Russen – damals mit der Ausdehnung ihres Reiches nach Osten befaßt – nicht am furchtbarsten Gemetzel fremder Imperialisten auf deutschem Boden beteiligten, dem Dreißigjährigen Krieg.

Türkenkriege und Nordischer Krieg

Dafür aber traten die Russen im Kampf gegen das osmanische Weltreich auf den Plan, das mehrfach versucht hatte, nach Mitteleuropa vorzudringen und die Deutschen zu unterwerfen. Für die russischen Herrscher, die sich als Nachfolger der von den Türken bezwungenen oströmischen Kaiser empfanden (Moskau als „drittes Rom"), war die Frontstellung gegen die islamische Großmacht ein Teil der Staatsräson.

Mehrfach kämpften Deutsche und Russen als Waffenbrüder in den großen Türkenkriegen. 1686, drei Jahre nach der siegreichen deutschen Abwehr des zweiten Türkensturms auf Wien, trat Rußland im Ewigen Frieden von Moskau der vom deutschen Kaiser geführten Heiligen Allianz europäischer Mächte gegen die Osmanen bei. Die Verbündeten führten den Türkenkrieg bis zum Frieden von Karlowitz, 1699. Rußland erreichte im Kampf gegen die Türken die Ausdehnung seines Machtbereichs bis zum Schwarzen Meer.

Im 10. Jahrhundert stiegen die ersten Reiche der Deutschen und Russen auf. Großfürst Wladimir (Abb.) verschwägerte sich mit dem deutschen Kaiser Otto II.

Zar Iwan III. (Bild) befreite Rußland und das ganze Abendland Ende des 15. Jahrhunderts von der Tatarengefahr und knüpfte enge Beziehungen zum deutschen Kaiser Maximilian I., dem „letzten Ritter".

Der Sieg Peters des Großen über die Schweden lag auch im deutschen Interesse. In Zusammenarbeit mit Deutschen brachte der Kaiser seinem Reich wirtschaftlichen Fortschritt.

Kaiserin Anna Iwanowna herrschte von 1730 bis 1740. Unter dieser Verwandten Friedrichs des Großen hatten Deutsche großen Einfluß am russischen Hofe.

Der deutsche Kaiser Otto II. (955–983) war ein Schwager des russischen Großfürsten Wladimir.

Der deutsche Kaiser Heinrich II. (mittelalterliche Darstellung) schloß um das Jahr 1017 ein erstes deutsch-russisches Militärbündnis.

Zur Regierungszeit des deutschen Kaisers Maximilian I. gab es Ende des 15., Anfang des 16. Jahrhunderts eine besonders gedeihliche deutsch-russische Zusammenarbeit.

Die legendäre große Preußenkönigin Luise war eine Vorkämpferin des deutsch-russischen Schulterschlusses im Kampf gegen Napoleon.

Auch hatte Rußland entscheidenden Anteil an der Zähmung des schwedischen Imperialismus, der wiederholt auf den Norden Deutschlands übergegriffen hatte. Schweden war durch seine Beteiligung am Dreißigjährigen Krieg zur bestimmenden Macht an der Ostseeküste des Deutschen Reiches geworden. Auf seiner berühmten Reise nach Westen, wo er nicht nur kulturelle wie wissenschaftliche Anregungen suchte, sondern auch Ausschau nach Bündnispartnern hielt, wurde Peter der Große vom brandenburgischen Kurfürsten und vom deutschen Herzog Kurlands bestärkt, einen Großfeldzug gegen die Schweden zu unternehmen. Peter schaltete Schweden im Großen Nordischen Krieg (1700–1721) als Vormacht der Ostsee aus. Er eroberte Riga und Reval und gewann durch Verträge einen bedeutenden Teil der Ostseeküste. Mit der Gründung der neuen Haupt- und Residenzstadt Petersburg im Jahre 1703 verlegte er das Machtzentrum seines Reiches von Moskau in den äußersten Nordwesten. 1721 nahm Peter den Kaisertitel (Imperator) an, der zwei Jahrzehnte später vom deutschen Kaiser anerkannt wurde. Der 1725 unter dem Einfluß des überragenden deutschen Gelehrten Leibniz in Petersburg eröffneten Akademie der Wissenschaften gehörten im Verlaufe des 18. Jahrhunderts vornehmlich deutsche Wissenschaftler an. Von 111 Professoren waren 68 Deutsche.

Die Zarinnen und Friedrich der Große

Fünf Jahre nach dem Tode Peters des Großen, im Jahre 1730, wurde seine Nichte Anna Iwanowna, Tochter von Peters Halbbruder Iwan V., russische Kaiserin. Sie war eine Nichte Friedrichs des Großen und legte die Führung des neuen Kaiserreichs nach und nach in die Hände Deutscher, meist Angehöriger des deutschbaltischen Adels. Mit ihren Ratgebern, vor allem Ernst Reichsgraf Johann von Biron, Heinrich Ostermann (Außenpolitik) und Graf Münnich (Kriegswesen), betrieb sie eine erfolgreiche Machtpolitik gegen Polen und Türken. Doch in dieser Sternstunde für die deutsch-russischen Beziehungen lag das vielhundertfach zersplitterte Deutsche Reich am Boden. Es hatte keine Kraft, den Saum des göttlichen Mantels zu ergreifen und eine dauerhafte deutsch-russische Allianz zu schaffen.

Kaiserin Anna starb am 28. Oktober 1740. Es war das Jahr der Thronbesteigung Friedrichs des Großen, jenes preußischen Herrschers, dem im Siebenjährigen Krieg durch das Ausscheren Rußlands aus der antipreußischen Allianz Staat, Thron und Leben bewahrt und der Aufstieg zum König einer europäischen Großmacht ermöglicht wurde.

Der Bündnisverpflichtung mit Habsburg, dem deutschen Kaiserhaus, gemäß, leistete Rußland im Siebenjährigen Krieg zunächst der antipreußischen Seite wirksame Militärhilfe. Friedrichs des Großen Niederlagen gegen die Russen brachten seinen Staat an den Rand des Untergangs. Er mußte die Besetzung Ostpreußens und sogar Berlins durch die Russen hinnehmen.
Nach dem Tode der Kaiserin Elisabeth bestieg 1762 der preußenbegeisterte Peter III. aus dem deutschen Geschlecht Holstein den russischen Thron. Er verzichtete auf sämtliche Eroberungen und schloß mit Friedrich dem Großen ein Bündnis. Deshalb konnte Preußen überleben. Und dadurch konnte es zur Großmacht aufsteigen sowie die Keimzelle des neuen Deutschen Reiches bilden, das 1871 geschaffen wurde.
Nach ihrem Staatsstreich gegen Peter III. behielt auch Kaiserin Katharina die Große die preußische Orientierung Rußlands im Grundsatz bei. Im Petersburger Vertrag von 1764 verständigte sie sich mit dem Alten Fritz auf ein Defensivbündnis. Gleichzeitig sicherte sich Rußland durch ständige Residenten an den wichtigsten deutschen Fürstenhöfen eine starke Präsenz im Reich.

Potsdam 1805, Tilsit 1807

Als Napoleon Bonaparte seine Imperialklaue nach Deutschland ausstreckte, herrschte in Rußland Alexander I. Sieben von acht seiner Ahnen in der dritten Generation waren Deutsche, und acht von neun Geschwistern des russischen Kaisers schlossen Ehen mit Deutschen. 1805 weilte Alexander beim Preußenkönig Friedrich Wilhelm III. in Potsdam. Dabei kam es zur berühmten nächtlichen Treuekundgebung am Grabe Friedrichs des Großen in der Garnisonkirche: Die Monarchen legten den feierlichen Schwur ab, nicht eher zu ruhen, bis der französische Tyrann Napoleon bezwungen sei. Es war die große Preußenkönigin Luise, die diese symbolträchtige Zeremonie vorgeschlagen und durchgesetzt hatte. Sie war es auch, die in den folgenden Jahren ihren Gemahl drängte, dem unheimlichen Korsen Widerstand zu leisten und auf die russische Karte zu setzen. Das wurde Napoleon gewahr, der die Königin deshalb tief haßte. Der Despot spürte instinktiv, daß ihm von deutsch-russischer Partnerschaft eine tödliche Gefahr drohte.
Rußlands Alexander führte die beiden miteinander verfeindeten deutschen Hauptmächte, Preußen und Österreich, zum Bündnis gegen das napoleonische Frankreich zusammen. Doch unter den gewaltigen Schlägen der französischen Militärmacht und der genialen Strategie Napoleons barst die Allianz. Das niedergeworfene Preußen mußte sich Bonaparte beugen und ihm Hilfs-

Zur Zeit der Herrschaft Alexanders I. bezwangen Russen und Deutsche gemeinsam Napoleon.

Rußlands Kaiser Alexander II. wahrte in den deutschen Einigungskriegen wohlwollende Neutralität, was wesentlich zur Schaffung des zweiten Deutschen Reiches durch Bismarck beitrug.

Kaiserin Katharina die Große schloß mit Preußens König Friedrich dem Großen im Petersburger Vertrag ein Bündnis.

Das Bündnis mit den Russen brachte Friedrich dem Großen die Rettung und sicherte Preußens Stellung als Großmacht.

Der geniale preußische Reformer Freiherr vom Stein war der eigentliche Wegbahner der deutsch-russischen Waffenbrüderschaft in den Befreiungskriegen.

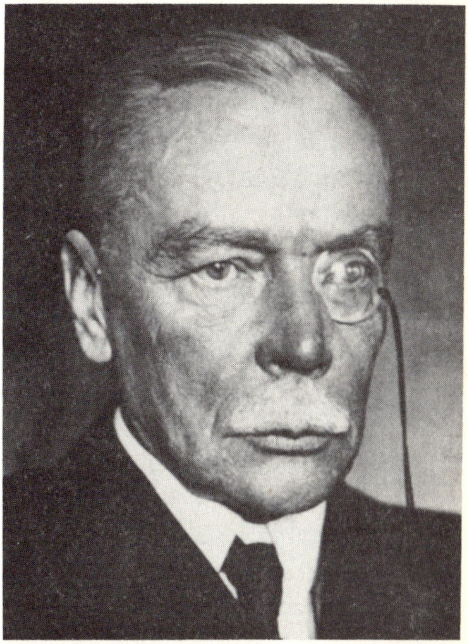

Hans von Seeckt, Schöpfer und Chef der deutschen Reichswehr in den 1920er Jahren, trat für deutsch-russische Partnerschaft ein.

dienste leisten. In Tilsit 1807 bot der Korse dem russischen Kaiser das Kondominium über Europa, ja sogar die Welt an. Alexander aber hielt sich bedeckt, behandelte Napoleons Angebote dilatorisch, also verzögernd. Gegen die völlige Vernichtung des Preußenstaates legte er Veto ein.

Vom Stein weist den Weg nach Tauroggen

In der folgenden Zeit sollte dem genialen Reichsfreiherrn vom Stein eine entscheidende Bedeutung zuwachsen. Der strikt deutschbewußte grimme Feind Napoleons wurde ins Exil getrieben, als deutsche Herrschende – bald gezwungen, manche aber auch in hündischer Unterwürfigkeit – vor dem Korsen zu Kreuze krochen. Am 19. Mai 1812 kam vom Stein nach Rußland an den Hof Alexanders. Dort wirkte er als treibende Kraft zur Bildung einer deutsch-russischen Allianz. Es gelte, den „großen Verbrecher", wie der Reichsfreiherr den französischen Imperator zu nennen pflegte, gemeinsam zu erledigen.

Nach Napoleons Niederlage im Rußlandfeldzug nahte der Tag der welthistorischen Entscheidung: Tauroggen! Preußens General Yorck mit seinen 20000 Mann des Hilfskorps, das für den Korsen hatte kämpfen müssen, bildete das Zünglein an der Waage. Er konnte die Russen entscheidend unterstützen oder die Rettung für die schwer angeschlagenen Franzosen bringen.

Yorck kämpfte einen furchtbaren inneren Kampf. Wäre nicht ein Abfall vom französischen Bündnis auch Verrat am eigenen König, der sich zur Allianztreue verpflichtet hatte? Yorck widerstand den welschen Verlockungen; die Franzosen hatten ihn sogar mit der Marschallwürde ködern wollen. Der russische General von Diebitsch aber, von Geburt Schlesier und einst preußischer Kadett, appellierte an Yorck, sich vaterländisch, also gegen Napoleon, zu entscheiden. Vom russischen Kaiser Alexander I. erhielt der Preußengeneral eine Adresse mit dem Versprechen, daß Preußens Größe wieder errichtet werde. Nachdem auch Clausewitz in Tauroggen, im Quartier Yorcks, erschienen war und das Ehrenwort gegeben hatte, daß es Rußland ehrlich meine, stieß der preußische General schwer aufatmend hervor: „Ihr habt mich!" Am 30. Dezember 1812 schloß er mit von Diebitsch in der berühmten Mühle von Poscherun die in deutscher Sprache gehaltene, vom Geiste Clausewitz' und des Freiherrn vom Stein durchdrungene Konvention von Tauroggen. Sie neutralisierte das preußische Korps und leitete das preußisch-russische Bündnis in den Befreiungskriegen ein. Es war eine europäische Schicksalswende. Am Abend von Tauroggen rief Yorck, „der Mann scharf wie gehacktes Eisen"

Alexander I. von Rußland (Mitte) mit der preußischen Königin Luise und deren Gemahl Friedrich Wilhelm III. 1805 am Sarkophag Friedrichs des Großen in der Potsdamer Garnisonkirche. Nach einem Gemälde von F. G. Weitsch.

Vor dem Abschluß der welthistorischen Konvention von Tauroggen: erstes Zusammentreffen des preußischen Generals Yorck (links) mit dem russischen General von Diebitsch am Weihnachtstage 1812.

(so wurde er von Zeitgenossen bezeichnet) seinen Offizieren zu: „So möge unter göttlichem Beistand das Werk der Befreiung unseres Vaterlandes beginnen und sich vollenden."

Die Zeit der Befreiungskriege

Unter Blücher, dem „Marschall Vorwärts" – wie ihn die russischen Kampfgefährten nannten –, Scharnhorst, Gneisenau, Radetzky und der Elite der Rußland dienenden Generalität gelang die Niederwerfung Napoleons, der Deutschlands endgültige Vernichtung im Schilde geführt hatte.
Vom 16. bis zum 19. Oktober 1813 tobte bei Leipzig die bis dahin größte Schlacht der Weltgeschichte. Die verbündeten Deutschen, Russen und Schweden fügten Napoleon die entscheidende Niederlage zu. Am 19. Oktober, 13.00 Uhr, zogen der russische Kaiser, der preußische König und Österreichs Fürst Schwarzenberg in die nach harten Straßenkämpfen eroberte Stadt ein. Napoleon mußte Deutschland bis zum Rhein räumen. Die Völkerschlacht bei Leipzig forderte 84000 Menschenleben. Auf seiten der Verbündeten fielen 28000 Deutsche (Preußen und Österreicher), 22000 Mann in russischer Uniform und 300 Schweden. Das mächtigste Monument auf deutschem Boden, das Völkerschlachtdenkmal zu Leipzig, ehrt den gemeinsamen Schicksalskampf von Deutschen und Russen.
Wo in jenen Zeiten des Befreiungskrieges russische Soldaten in Deutschland auftauchten, wurden sie von der Bevölkerung jubelnd begrüßt. Und der deutsche Soldat achtete den russischen als tapferen Mitkämpfer. Wie auch umgekehrt. Erneut hatte sich erwiesen, daß Deutsche und Russen als Kameraden unbezwingbar sind.

Das Russische Reich und der Deutsche Bund

Am 25. März 1813 hatte der russische Fürst Kutusow im Namen seines Kaisers in Kalisch eine Proklamation an die Deutschen erlassen. Versprochen wurde, der „Wiedergeburt eines ehrwürdigen Reiches mächtigen Schutz zu leisten". Dieses Reich möge entstehen „aus dem ureigenen Geist des deutschen Volkes". Der Proklamation von Kalisch stand der geniale vom Stein, der Wegbereiter der deutsch-russischen Befreiungsfront, Pate.
Daß es nach der Niederringung Napoleons nicht zur Wiedergeburt des Deutschen Reiches kam, ist nicht Rußland anzulasten. Die meisten Führer der Teilstaaten im mehr als dreidutzendfach gespaltenen Deutschland sträubten sich dagegen, ihre Territorien einem neuen Reich einzufügen. Am russischen

Österreichs Fürst Schwarzenberg meldet den verbündeten deutschen und russischen Monarchen den Sieg in der Völkerschlacht bei Leipzig 1813.

Die russische Gedächtniskirche zu Leipzig, errichtet zur Erinnerung an die in der Völkerschlacht gefallenen Russen.

Offizielle Postkarte zur Einweihung des Völkerschlachtdenkmals am 18. Oktober 1913 – 100 Jahre nach dem welthistorischen Entscheidungssieg der verbündeten Deutschen und Russen über Napoleon.

Hofe in Sankt Petersburg beklagte man, daß die deutschen Fürsten nur einen lockeren Bund schlossen. Auch empfand man es russischerseits als Mangel, daß der Deutsche Bund keine Militärverfassung aufwies, die im Ernstfall hinlänglich funktionstüchtig erschien.

1825 bestieg Nikolaus I. den russischen Thron; auch er entstammte dem holsteinischen Fürstengeschlecht. Auf seine Umgebung wirkte er nach Zeitzeugenberichten „wie der Typus eines preußischen Offiziers“. Er war mit Charlotte, einer Tochter des preußischen Königs Friedrich Wilhelm III. und der Königin Luise, vermählt, die nach dem Übertritt zur orthodoxen Kirche den Namen Alexandra Fjodorowna annahm.

Besonders freundschaftlich war Nikolaus seinem Schwager verbunden, dem Preußenprinzen, nachmaligen preußischen König und ersten deutschen Kaiser des neuen Reiches, Wilhelm I. Zum anderen Schwager des russischen Monarchen, Friedrich Wilhelm IV., dem „Romantiker auf dem preußischen Thron“, gab es hingegen Spannungen. Zwischen dem preußischen und dem kühl kalkulierenden russischen Herrscher klafften mentalitätsmäßig Abgründe. Auch fürchtete der Russenkaiser, daß der Funke revolutionären Gedankenguts von Deutschland auf Rußland überspringen und den Thron in Gefahr bringen könnte. 1848 erwog Nikolaus sogar einen Krieg mit sofortiger Besetzung Ostpreußens.

Sein Nachfolger, Kaiser Alexander II., der ab 1855 regierte, und dessen Außenminister Gortschakow betrieben zunächst eine Politik der Annäherung an Frankreich. Das führte zum russisch-französischen Vertrag von 1859. Maßgeblich war für Rußland dabei auch die Absicht, die bedrohliche Krimkriegs-Koalition der Westmächte zu sprengen.

Nicht nur für Preußen, sondern für ganz Deutschland zeichnete sich die Gefahr einer lebensbedrohenden Allianz zwischen Paris und St. Petersburg ab. In dieser ernsten Lage trat der wohl genialste Politiker deutscher Geschichte auf den Plan: Bismarck.

Otto von Bismarcks geniale Politik

Erste Verdienste um die deutsch-russischen Beziehungen erwarb sich Bismarck ab 1859 als preußischer Gesandter am russischen Hof. Als er 1862 preußischer Ministerpräsident wurde, unternahm er größte Anstrengungen, am Vorabend der deutschen Einigungskriege Rußlands Neutralität zu erreichen. Denn ein Dazwischenfahren Rußlands hätte alles zunichte gemacht. Bismarck gewährte Unterstützung bei der Niederwerfung des polnischen

Aufstandes und erreichte damit Alexanders II. Hilfeleistung im Streit um Schleswig-Holstein. Eine entscheidende Weichenstellung für die Neugründung des Deutschen Reiches war vollbracht.
Nun war Rußland auch bereit, im Konflikt zwischen Preußen-Deutschland und Napoleon III. neutral zu bleiben. Österreich-Ungarn folgte diesem Beispiel. Damit hatte Bismarck verhindert, daß sich der Deutsch-Französische Krieg 1870/71 zu einem gesamteuropäischen Konflikt ausweitete. Einen solchen Krieg hätte Preußen wohl nicht durchgestanden, und es wäre infolgedessen auch nicht zur Kaiserproklamation des 18. Januar 1871 gekommen. Um Rußlands Wohlverhalten zu sichern, setzte sich Bismarck aktiv für die Beseitigung der Einschränkung russischer Souveränität im Schwarzen Meer ein, die Rußland nach dem Krimkrieg von den Westmächten aufgebürdet worden war.
Rußlands Kaiser Alexander II. blieb fortan bis zu seinem Tode im Jahre 1881 im großen und ganzen prodeutsch gesinnt. Nach seinem Ableben bemerkte Bismarck: „Daß die Russen uns Elsaß-Lothringen nehmen ließen, war persönliche Politik Alexanders II.“ Auch Kaiser Wilhelm I. war es bewußt, daß der Erfolg bei der Lösung der deutschen Frage 1871 nicht zuletzt auf dem Wohlwollen Rußlands gründete. Im Telegramm an Alexander II. vom 1. März 1871, nach Abschluß des Vorfriedens mit Frankreich, brachte die deutsche Majestät zum Ausdruck: „Nie wird Preußen vergessen, daß es Ihnen verdankt, daß der Krieg nicht äußerste Dimensionen angenommen hat. Gott segne Sie dafür! Ihr fürs Leben dankbarer Wilhelm.“

Dreikaiserabkommen und Rückversicherungsvertrag

1872 kam es auf Anregung Alexanders II. zum Dreikaisertreffen der reichsdeutschen, österreichischen und russischen Monarchen in Berlin, der Hauptstadt des neuen Deutschen Reiches. Acht Monate später, 1873, wurde in St. Petersburg bei einem Besuch Kaiser Wilhelms die deutsch-russische Militärkonvention unterzeichnet.
Ein gutes Verhältnis zu Rußland zu bewahren, war Leitmotiv der Außenpolitik des Eisernen Kanzlers. Mit Recht plagte ihn der Alptraum einer Einkreisung Deutschlands durch Russen und Westmächte. Gegen erhebliche Widerstände im Inneren und von außen und trotz fortbestehender Interessengegensätze auf dem Balkan hielt Bismarck ein Vierteljahrhundert, bis zu seiner Entlassung, am Kurs des Ausgleichs mit Rußland fest.
Auch der russische Kaiser Alexander III., der 1881 den Thron bestieg, war wie

Der deutsche Kaiser Wilhelm I., Österreichs Kaiser Franz Joseph I. und Rußlands Kaiser Alexander II. bei einer Truppenparade anläßlich des Dreikaisertreffens in Berlin, September 1872.

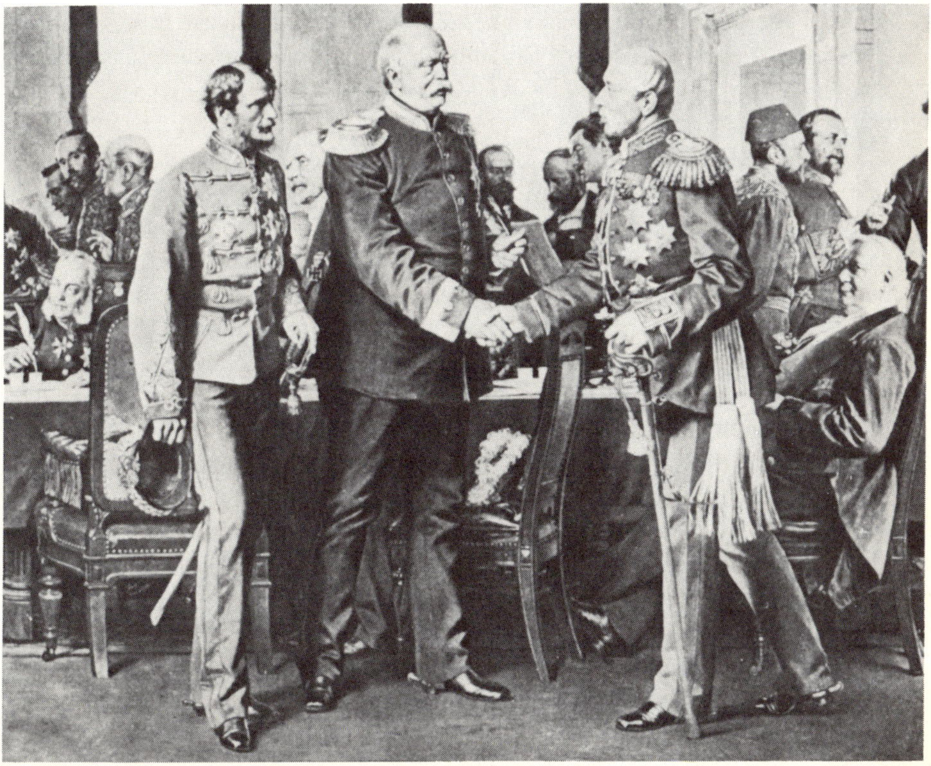

Der Interessenausgleich mit Rußland gehörte zu den Grundlagen der Politik Bismarcks. Das Bild zeigt den Eisernen Kanzler beim Handschlag mit dem russischen Grafen Schuwalow auf dem Berliner Kongreß 1878.

sein Vorgänger an guten Beziehungen zum Deutschen Reich interessiert. In diesem Bestreben wurde er unterstützt von Nikolaj Karlowitsch Giers, dem russischen Außenminister von 1881 bis 1895. Noch 1881 wurde der zweite Dreikaiservertrag zwischen Rußland, Deutschland und Österreich-Ungarn mit dreiseitiger Neutralitätsgarantie bei einem Angriff von außen abgeschlossen.
Vor allem zur Abwehr der Gefahr einer russisch-französischen Allianz initiierte Bismarck den am 18. Juni 1887 in Berlin unterzeichneten und auf die Dauer von drei Jahren befristeten berühmten deutsch-russischen Rückversicherungsvertrag: Beide Staaten verpflichteten sich im ersten Artikel zu gegenseitiger Neutralität im Falle eines Krieges mit dritten Mächten (nicht jedoch bei Angriff der Vertragspartner auf Österreich oder Frankreich). Der zweite Artikel bestätigte den bestimmenden Einfluß Rußlands auf den Balkan. Im dritten Artikel wurde die Schließung der Meerengen des Bosporus für Nichtanrainer anerkannt. Und im Geheimen Zusatzprotokoll sicherte Deutschland eine Unterstützung russischer Politik hinsichtlich des Zugangs zum Schwarzen Meer zu.

Als der Lotse von Bord ging

1890 wurde der Lotse von Bord geschickt. Nach der Entlassung Bismarcks veränderte sich der Kurs der deutschen Rußlandpolitik. Im Deutschen Reich wie in Rußland setzten sich Kräfte der Westbindung durch. Vordergründig katzbuckelte London in Berlin, doch hinter den Kulissen konspirierte es mit antideutschen Kreisen in St. Petersburg und Paris. Internationale Zirkel und Finanzmächtige trugen dazu bei, die Einkreisung des lästigen „Aufsteigerstaates" Deutschland zu vollenden.
Obwohl Bismarck noch vor seiner Entlassung im März 1890, wie übrigens auch der junge Kaiser Wilhelm II., die Verlängerung des Rückversicherungsvertrages gebilligt hatte, entschied sich der Nachfolger des Eisernen Kanzlers, Graf Caprivi, dagegen. Wilhelm II. hielt nicht stand. Doch Rußlands Außenminister Giers gab die Sache noch nicht verloren. Er bot Berlin die Neuauflage des Vertrages zu günstigeren Bedingungen an. Im August 1890 versuchte er es nach dem Besuch Wilhelms II. in Rußland erneut. Beide Vorschläge des russischen Außenministers verfielen in Berlin der Ablehnung.
Zugleich wuchs das russische Mißtrauen über die offenkundige Westorientierung Deutschlands, wie sie zum Beispiel im Helgoland-Sansibar-Vertrag zwischen dem Deutschen Reich und England zum Ausdruck kam. Die Befür-

worter einer russisch-französischen Annäherung erhielten in St. Petersburg Auftrieb. Es dauerte nun noch zwei Jahre, bis eine russisch-französische Militärkonvention unterzeichnet wurde. Giers: „Deutschland hat uns in die Arme Frankreichs getrieben." Das Deutsche Reich geriet in die Zange.

Weitere Versuche zur Abwendung der Gefahr führten zwar zu Teilerfolgen, nachdem 1894 mit Nikolaus II. ein dem deutschen Kaiser gewogener Herrscher auf den russischen Thron gekommen war. So konnte Deutschland, von Rußland unterstützt, 1897 Kiautschou von China pachten, 1905 unter dem Einfluß des genialen russischen Politikers Sergej Witte ein lockerer deutsch-russischer Beistandspakt abgeschlossen und mit Rußlands Plazet der Bau der Bagdadbahn durch Deutsche im Jahre 1911 begonnen werden. Doch war die falsche Weichenstellung nach Bismarcks Entlassung nicht mehr wiedergutzumachen.

Deutsche und Russen als Opfer der Westalliierten

Der Ausbruch des Ersten Weltkrieges offenbarte die lebensgefährliche Einkreisung Deutschlands durch die Westmächte und Rußland. Kräfte am Petersburger Hofe, die einen Sonderfrieden mit Deutschland anstrebten, konnten sich nicht durchsetzen. Auch der einflußreiche Rasputin nicht; er wurde durch eine Verschwörung beseitigt. Witte, der den Sonderfrieden wünschte, starb im März 1915.

Sowohl das russische Kaiserhaus als auch das russische Volk mußten für die Entente mit den Westmächten bitter bezahlen. Der Herrscher wurde mit seiner Familie umgebracht, und auf dem russischen Volk lastete fortan das Tonnengewicht der bolschewistischen Diktatur, die annähernd ein Dreivierteljahrhundert Bestand haben sollte.

Die westlichen Verbündeten unternahmen am Ende des Ersten Weltkrieges keine ernsthaften Anstrengungen zur Rettung des russischen Kaiserreiches, das sich im Kampf gegen die Deutschen verzehrt hatte. Seine Führungsschicht wurde von den Bolschewisten liquidiert. Als nun Lenin mit Deutschland einen Separatfrieden schloß – wodurch ein für ganz Europa segensreiches Unentschieden im Kriege möglich gewesen wäre, hätten sich nicht die USA eingemischt –, rüsteten die Westmächte Expeditionsheere aus, um Stücke aus dem Russischen Reich zu reißen. Daran beteiligt waren neben den USA, England und Frankreich auch Japan und Polen. Die fremden Interventionen wiederum weckten den patriotischen Widerstandswillen in Rußland, den die bolschewistischen Herrscher für sich auszunutzen verstanden und der ihnen half, die Oberhand zu gewinnen.

Weimarer Republik und Sowjetrußland

1918 standen Deutschland und Rußland auf der politischen Weltbühne als die Verlierer und als Ausgestoßene da. Die Parias wurden umlauert von beutegierigen Feindmächten. Auf deutscher Seite waren es nun vor allem Graf Brockdorff-Rantzau – ab Dezember 1918 Außenminister, ab 1922 Botschafter in Moskau –, und Reichswehrchef Hans von Seeckt, die auf eine Interessengemeinschaft mit Rußland drängten.
Am Rande der Konferenz von Genua, April 1922, kam es zum berühmten deutsch-sowjetrussischen Abkommen von Rapallo: Deutschland und Rußland nahmen normale diplomatische Beziehungen auf, verzichteten wechselseitig auf Forderungen aus der Kriegs- und Nachkriegszeit und vereinbarten, den Handel zwischen beiden Staaten zu fördern. Reichsaußenminister Rathenau und Reichskanzler Wirth wurden in Deutschland wegen Rapallo heftig kritisiert. Rechte Antibolschewisten und Verfechter der Westbindung gingen eine bemerkenswerte Allianz ein, die in der jungen Bundesrepublik nach 1949 eine Wiedergeburt erfuhr.
Die Weimarer Regierungen lavierten: Einerseits sollte der Deutschland argusäugig bewachende, waffenstarrende Westen besänftigt werden, andererseits hielt man Kontakt zu Moskau. Am 21. Oktober 1925 wurde ein Handelsabkommen mit Sowjetrußland geschlossen, am 24. April 1926 ein Freundschafts- und Neutralitätsvertrag zwischen Berlin und Moskau unterzeichnet. 1932 war das Deutsche Reich mit 47 Prozent an den Gesamteinfuhren der Sowjetunion beteiligt, und mehr als zehn Prozent der deutschen Exporte gingen nach Rußland.
Von Reichswehrchef von Seeckt vorangetrieben, gab es auch eine geheime Zusammenarbeit zwischen Reichswehr und Roter Armee. Deutsche Firmen bauten nahe Moskaus und Charkows Kampfflugzeuge. Die Reichswehr konnte auf streng abgeschirmten russischen Übungsplätzen Panzer und Flugzeuge erproben, die ihr durch den Versailler Vertrag verboten worden waren. Zeitweise hatte man den Eindruck, als lebte der alte Geist deutsch-russischer Waffenbrüderschaft wieder auf. Reichswehroffiziere, die aus Rußland zurückkehrten, lobten die Herzlichkeit, mit der man ihnen dort begegnet war.
Die Politik des Deutschen Reiches der 20er und frühen 30er Jahre, die man unter dem Stichwort Rapallo zusammenfaßt, verschaffte sowohl den Deut-

Unter Reichskanzler Wirth (rechts) wurde der Vertrag von Rapallo zwischen Deutschland und Rußland geschlossen. Zweiter von rechts vorn: Graf Brockdorff-Rantzau, erster deutscher Botschafter in Sowjetrußland. Links der sowjetrussische Außenhandelsminister Krassin.

Zwischen dem Deutschen Reich und Sowjetrußland gab es in den 20er Jahren militärische Zusammenarbeit. Das Bild zeigt Reichspräsident von Hindenburg bei der Begrüßung russischer Offiziere als Manövergäste in Deutschland. Zweiter von links hinten: Generalstabschef Tuchatschewskij, der nachmalige russische Marschall.

schen als auch den Russen Raum zwischen Hals und dem von Westmächten angelegten Galgenstrick.

Das Dritte Reich und Stalin

Nicht erst unter Hitler, sondern schon 1932 wurde die Kooperation mit der Roten Armee vom Reichswehrministerium gestoppt. Hitler verlängerte den Berliner Vertrag von 1926 mit Sowjetrußland. Doch Berlins Anstrengungen, einen Ausgleich mit Warschau, dem Erbfeind Rußlands, zu erreichen, brachten eine Wende. Im Jahr nach dem deutsch-polnischen Pakt vom 26. Januar 1934 schloß Moskau mit Paris ein Abkommen, das bald darauf durch eine entsprechende Vereinbarung mit Prag ergänzt wurde. Hitler wiederum reagierte mit dem Antikominternpakt von 1936, der die Eindämmung des Kommunismus beabsichtigte und ähnlich begründet wurde wie später die Nato.

Über Jahre versuchte der NS-Führer, mit den Westmächten, vor allem mit England, ein Bündnis zu schmieden. Der „russischen Karte" besann man sich in Berlin erst wieder, als sich herausgestellt hatte, daß der Westen Deutschlands Machtentfaltung nicht mehr akzeptieren wollte. Am Vorabend des Zweiten Weltkrieges schloß Hitler den Pakt mit Stalin.

Fortan reihte Deutschland Sieg an Sieg an seine Fahnen. Was sich schon im Jahr nach Ausbruch des deutsch-sowjetischen Krieges radikal ändern sollte. Statt der erhofften raschen Niederwerfung Rußlands entbrannte ein fürchterlicher Kampf zwischen den beiden größten Völkern des Abendlandes, dem die Westmächte fast drei Jahre zuschauten, um erst dann mit ihrer Invasion auf den Plan zu treten, als Deutschland durch den Kampf mit dem östlichen Koloß waidwund erschien.

Ob es sich beim deutschen Angriff auf Sowjetrußland 1941 um eine Aggression handelte oder ob die Wehrmacht einer sprungbereiten Roten Armee nur zuvorkam, kann dahingestellt bleiben. Tatsache ist: Der Zweite Weltkrieg brachte erneut den Beweis, daß eine deutsch-russische Konfrontation für beide Völker verhängnisvoll ist.

In der Zeit des kalten Krieges

Kaum hatte die Wehrmacht kapituliert, wich die Pseudoherzlichkeit der „Anti-Hitler-Koalition" unter Einschluß Stalins, des „guten Onkel Joe", dem kalten Krieg. So furchtbar und grausam die jahrzehntewährende Teilung Deutschlands in einen westlichen und einen sowjetrussischen Machtbereich

Unmittelbar vor der Unterzeichnung des deutsch-russischen Nichtangriffspaktes 1939. Von links: Der sowjetrussische Außenminister Molotow, Stalin, der deutsche Botschafter in Moskau, von der Schulenburg, Legationsrat Hencke, Reichsaußenminister von Ribbentrop.

Deutsche und sowjetrussische Offiziere in der Anfangszeit des Zweiten Weltkrieges.

auch war; diese Großmachtkonfrontation auf deutschem Boden rettete der deutschen Nation und Deutschland als staatlichem Subjekt der Weltgeschichte das Leben. Denn sowohl Moskau als auch Washington brauchten nun jeweils „ihre“ Deutschen, um den Anteil an der Beute des Zweiten Weltkrieges zu sichern. Hätte es Sowjetrußland als kräftigen Widerpart der USA nicht gegeben – die Morgenthau-Boys hätten für ihre antideutschen Vernichtungspläne mit großer Wahrscheinlichkeit grünes Licht erhalten. Wie umgekehrt stalinistische Deutschenhasser vom Schlage eines Ilja Ehrenburg ohne die Besinnung des Kreml darauf, daß man die Mitteldeutschen aus Machtkalkül braucht, nicht gestoppt worden wären. Die Großmachtkonfrontation, das sogenannte bipolare Weltsystem durch Sowjetrußlands Stärke, verschaffte nicht nur den Deutschen eine Überlebensnische, sondern ermöglichte es auch anderen Völkern, nationale Interessen einigermaßen zu wahren. Das Absinken Rußlands zu einer Mittelmacht bei Fortbestehen der Supermacht USA aber birgt die Gefahr eines Weltdiktats Washingtons.

Nicht nur fanatische Anhänger einer westlichen Wertegemeinschaft waren es, die in den 50er Jahren jeden Versuch einer bundesdeutsch-sowjetrussischen Annäherung mit dem Ziel der Wiedervereinigung und Blockfreiheit im Keime erstickten. Die Machenschaften der Ehrenburg-Genossen hatten das Ansehen Moskaus derart gründlich beschädigt, daß im deutschen Volk allgemein keine Neigung bestand, die „russische Karte“ zu spielen. „Der Iwan“ wirkte wie ein Schreckgespenst nicht nur auf die Deutschen. So konnte Adenauer auch das Stalin-Angebot von 1952 (Wiedervereinigung, Neutralität) ungeprüft verwerfen.

Kräfte der nationalen Rechten in der Bundesrepublik blieben jedoch stets der historischen Erkenntnis eingedenk, daß ein Schlüssel zur deutschen Einheit und Wiedergeburt in Moskau liegt. Weshalb sie, bei aller Ablehnung des bolschewistischen Systems, für eine aktive, deutsche Interessen wahrende Rußlandpolitik eintraten.

Ideale Partner auf vielen Gebieten

Und tatsächlich war es kaum westliche staatsmännische Weisheit als vielmehr der Schwenk der Moskauer Politik ab Mitte der 80er Jahre, der schließlich die Wiedervereinigung des Westens und der Mitte des einst von Bismarck geschaffenen zweiten Deutschen Reiches ermöglichte. Gebot Moskau 1945 über rund eine Viertelmillion Quadratkilometer deutschen Reichsgebietes, sind es seit 1990 noch 15000 Quadratkilometer: das nördliche Ostpreußen.

Unter maßgeblicher Beteiligung des deutschen Gelehrten Leibniz wurde die Akademie der Wissenschaften zu St. Petersburg geschaffen. Blick auf die Akademie im 18. Jahrhundert.

Die deutsche Universität zu Dorpat war im 19. Jahrhundert nicht nur ein wichtiger Mittler zwischen deutschem und russischem Geistesleben, sondern auch zwischen dem Russischen Reich und dem gesamten übrigen Abendland.

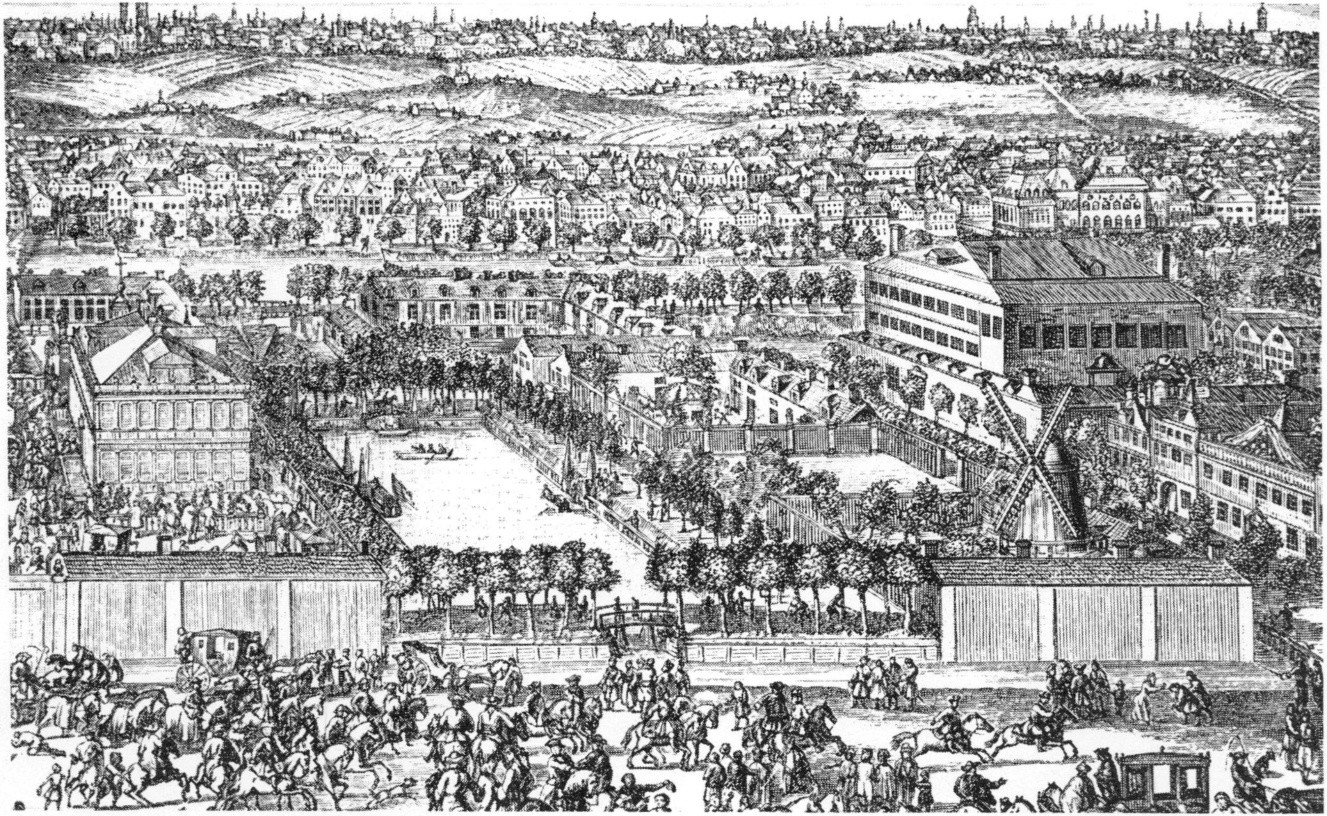

Unter Peter dem Großen entstand in Moskau eine ganze deutsche Siedlung. Hier ein zeitgenössischer Holzschnitt. Der russische Herrscher holte deutsche Fachleute aller Berufe ins Land. Er weilte häufig in der deutschen Vorstadt von Moskau.

Neubelebte enge deutsch-russische Beziehungen könnten nicht nur an segensreiche militärische und politische Gemeinsamkeiten der Geschichte anknüpfen. Es gilt auch, den über lange Zeitspannen fruchtbaren deutsch-russischen Kulturaustausch wiederzuentdecken. Der Einfluß des deutschen Geisteslebens auf Rußland kann kaum überschätzt werden. Und russische Dichter, Denker, Künstler, Wissenschaftler gaben den Deutschen vieles. Für die glückliche deutsch-russische kulturelle Symbiose steht als Beispiel der Name eines der größten Meister abendländischer Tonkunst: Peter Iljitsch Tschaikowsky. Er verband Anregungen aus der deutschen Romantik mit der russischen Nationalmusik und schenkte der Menschheit herrliche Kompositionen. Tschaikowsky war auch der erste russische Meister, der seine Sinfonie- und Kammermusik auf einer dreimonatigen Konzertreise 1887/88 im Ausland zu Gehör brachte. Den Weg hatte ihm vor allem Hans von Bülow geebnet, der selbstlose Vorkämpfer des Opus Richard Wagners. Eingeladen war Tschaikowsky unter anderem nach Berlin, Leipzig (Gewandhaus), Dresden, Wien und Hamburg. Seine Erfolge auf dieser Reise waren bahnbrechend für die russische Musik in ganz Europa.

Deutsche und Russen, die beiden größten Völker des Abendlandes, erscheinen nicht nur militärisch und politisch sowie im Bereich wirtschaftlicher Zusammenarbeit – ungeahnte Möglichkeiten würden aus dem Zusammenwirken von deutscher Technik und russischem Rohstoffreichtum erwachsen –, sondern auch in Wissenschaft und Kultur als ideale Partner. Wer behauptet, Deutsche und Russen seien zur Feindschaft verdammt, verbreitet geschichtsblind Unfug.

Durch Rußlands wohlwollende Neutralität im Deutsch-Französischen Krieg 1870/71 wurde der deutsche Sieg und die Reichsgründung möglich. Daß der Schlüssel zur Lösung der deutschen Frage in Moskau liegt, zeigte sich auch beim Fall der Mauer 1989.

Schirinowskij und die Deutschen

Zwischen Medienhetze und Massenjubel

Wladimir Schirinowskij sorgte außerhalb Rußlands erstmals im Juni 1991 für Schlagzeilen. Ihm war es bei den Präsidentenwahlen gelungen, mit 6,2 Millionen Stimmen (gleich 7,8 Prozent) das drittbeste Ergebnis nach Jelzin und dem Kommunisten Ryschkow zu erzielen. Der Aufsteiger aus dem Bereich der Nichtetablierten wurde sofort von etlichen bundesdeutschen Medien beargwöhnt und mit herabwürdigenden Kommentaren bedacht. Weil er sich weder in das orthodox linke noch in das unbedingt prowestliche Lager einordnen ließ, empfand man Schirinowskij von vornherein als Störenfried. Dr. Gerhard Frey, Bundesvorsitzender der Deutschen Volksunion sowie Herausgeber der Wochenblätter Deutsche National-Zeitung und Deutsche Wochen-Zeitung, suchte den Kontakt zu dem ungewöhnlichen russischen Politiker. Sein Sohn Gerhard Frey jr., Mitarbeiter der Deutschen National-Zeitung, nahm Ende April 1992 am 3. Kongreß der Liberal-Demokratischen Partei Schirinowskijs in Moskau teil und führte dabei Gespräche mit dem Vorsitzenden der damals drittstärksten politischen Kraft des größten Staates der Erde.

„Bildhaft und klar, manchmal provozierend“

„Rußlands dritte Kraft setzt auf Deutschland“ betitelte Frey seinen Reisebericht, der am 8. Mai 1992 von der Deutschen National-Zeitung veröffentlicht wurde. Außenpolitisch baue Schirinowskij vor allem auf bessere Beziehungen zu Deutschland. In seiner Parteitagsrede habe er bemerkenswerterweise auch die Vertreibung der Deutschen aus den Ostgebieten verurteilt und die Möglichkeit einer Rückkehr Nordostpreußens mit Königsberg an ein Deutschland erwähnt, das die traditionelle Freundschaft mit Rußland wiederherstelle. Schirinowskijs Sorge gelte insbesondere den 25 Millionen Russen außerhalb der russischen Republik, die Verfolgungen ausgesetzt seien. Außerdem sehe er nach dem Zerfall der Sowjetunion ein Machtvakuum, das dazu führe, Rußland dem Vormachtanspruch der USA auszuliefern. Schirinowskijs Anhänger seien davon überzeugt, daß er Präsident werden könne, andere Beobachter wollten das nicht ausschließen. Nicht umsonst habe auch die US-Botschaft einen Vertreter zum Parteitag entsandt, „der eifrig mitnotierte“. Während in den meisten bundesdeutschen Medien Schirinowkijs Bewegung

noch als Eintagsfliege bewertet wurde, hieß es in Freys Bericht: „Es mangelt der Liberal-Demokratischen Partei nicht an Anhängern, sondern an Wahlen . . . Bei ungezählten Kundgebungen findet Schirinowskij bei der Bevölkerung Beifall und kann Autogrammwünschen kaum nachkommen. Er spricht bildhaft und klar, manchmal provozierend – und die Leute verstehen ihn."
Kurz nach dem Besuch seines Sohnes in Moskau verfaßte Dr. Gerhard Frey einen Beitrag für das Organ der Liberal-Demokratischen Partei Rußlands, „Liberal", der – das Blatt hatte damals schon eine Auflage von rund 200000 – von der russischen Öffentlichkeit stark beachtet wurde.
Allein die traditionelle deutsch-russische Partnerschaft und Freundschaft sei der richtige und ideale Weg unserer Völker, schrieb Dr. Frey im Organ der Schirinowskij-Bewegung. „Zwei mörderische Weltkriege haben Rußland und Deutschland einen schrecklichen Blutzoll abverlangt und unseren Ländern unermeßliche Nachteile zugefügt. Unsere gemeinsamen Lebensinteressen verlangen zwingend, daß wir nie mehr in kriegerische Auseinandersetzungen geraten, sondern unsere – ohnedies sehr weitgehend übereinstimmenden – Interessen in Harmonie und Freundschaft abstimmen . . . Rußland und Deutschland ergänzen sich in der idealsten Weise."

Der Deutschlandbesuch im August 1992

Auf Einladung Freys kam Schirinowskij dann im August 1992 zu einem mehrtägigen Besuch in die Bundesrepublik Deutschland. Dabei trat er am 16. August bei einer Kundgebung der Deutschen Volksunion in Mühlhausen/Thüringen auf, die unter dem Motto angekündigt worden war: „Deutsche und Russen – Feinde für immer?"
„Schirinowskij will Ostpreußen-Frage im Sinne Deutschlands lösen – Begeisterung bei DVU-Kundgebung mit Dr. Frey und dem LDP-Vorsitzenden", lauteten die Schlagzeilen der National-Zeitung zum Bericht über die störungsfrei verlaufene Kundgebung. In der sich anschließenden Pressekonferenz hatte Schirinowskij den zahlreich erschienenen deutschen und russischen Medienvertretern erklärt: „Unsere Partei erstrebt in der Außenpolitik eine langfristige Zusammenarbeit und Freundschaft mit Deutschland." Dr. Frey ergänzte: „Glücklich waren beide Völker nur, wenn sie zusammenwirkten."
Bei der Pressekonferenz äußerte der russische Politiker ferner: „Die Zahl der Anhänger meiner Partei wächst täglich. Wir treten ein für baldige freie Wahlen und sind davon überzeugt, sogar den ersten Platz einnehmen zu können." Die weitere Entwicklung sollte zeigen, daß dies keineswegs haltlose

ANZEIGE

So., 16. 8. 92 · DVU-Kundgebung

Deutsche und Russen – Feinde für immer?

Es sprechen:

- **Dr. Gerhard Frey,** DVU-Vorsitzender und Herausgeber der NATIONAL-ZEITUNG
- **Wladimir Schirinowskij,** Vorsitzender der Liberaldemokratischen Partei Rußlands

Treffpunkt: Sonntag, 16. August 1992, **11.00 Uhr** (pünktlich), **Bahnhof in 3437 Bad Sooden-Allendorf.**

Die DVU-Busse bringen Sie zum Versammlungslokal (Rückkehr gegen 16.00 Uhr).

Anzeige

2. Oktober '93

Auf zur DVU-Großkundgebung in der Passauer Nibelungenhalle!

Die größte nationalfreiheitliche Demonstration: „Deutschland muß leben!"

Hauptredner:

Dr. Gerhard Frey
DVU-Vorsitzender
Herausgeber der DEUTSCHEN NATIONAL-ZEITUNG
„Jetzt die Einheit der Rechten"

Wladimir Schirinowskij
Vorsitzender der
Liberaldemokraten Rußlands
„Deutsche und Russen – Freunde für immer"

Großes Rahmenprogramm · Verleihung des Andreas-Hofer-Preises

Samstag, 2. Oktober 1993 · Beginn: 12.30 Uhr · Einlaß: ab 11.00 Uhr · Auf nach Passau

Der erste Auftritt Schirinowskijs bei einer Veranstaltung der Deutschen Volksunion fand im August 1992 im thüringischen Mühlhausen statt (National-Zeitungs-Ankündigung ganz oben; Bild unten links). Im Oktober 1993 sprach Schirinowskij vor 5000 Nationalfreiheitlichen in der Passauer Nibelungenhalle (Bild unten rechts).

Prahlerei war, als die Schirinowskijs Einlassungen von manchem bundesdeutschen Presseorgan bezeichnet wurden.

Im übrigen nahm Schirinowskij auch Stellung zu der die Woche zuvor von zahlreichen bundesdeutschen Medien verbreiteten Falschmeldung, die Liberal-Demokratische Partei sei in Rußland verboten worden. „Völliger Unsinn", so der LDP-Vorsitzende. In Wahrheit hatte die zuständige Behörde Rußlands lediglich die Registrierung beim früheren Justizministerium der Sowjetunion für ungültig erklärt. „Die Neuregistrierung erfolgt gerade, das ist eine rein formale Angelegenheit", erklärte Schirinowskij. Die Medienmeldung vom „Verbot der Schirinowskij-Partei" war ein erster Sendbote des gewaltigen Schwarms von Presseenten, der eineinviertel Jahre später zum Sturzflug auf die Bevölkerung der Bundesrepublik Deutschland ansetzen sollte.

Aufschlußreich ist noch folgender National-Zeitungs-Hinweis zur seinerzeitigen Pressekonferenz nach der Thüringer Veranstaltung: „Während das russische Fernsehen großes Interesse für Schirinowskijs und Dr. Freys Vorschläge zu Ostpreußen zeigte und darüber ausführlich berichtete, wollten mehrere der anwesenden deutschen Pressevertreter darüber ersichtlich nichts melden."

„Unerwünscht wie ein Krimineller"

Nach Schirinowskijs Deutschlandbesuch, der ohne jede Beschwörung deutscher Schuld und Sühne ablief und nicht der Kontrolle etablierter politischer Kräfte unterlag, steigerte sich der Medienhaß gegen den russischen Politiker. Seine Einreise und seine Äußerungen hätten dem Ansehen der Bundesrepublik Deutschland Schaden zugefügt, hieß es. Und die „Allgemeine Jüdische" schrieb unter der Schlagzeile „Ein ungern gesehener Gast" am 27. August 1992: „Der Führer der sogenannten Liberal-Demokratischen Partei in Rußland, Wladimir Schirinowskij, stattete seinen deutschen Gesinnungsgenossen, der DVU und ihrem Vorsitzenden Gerhard Frey, einen Besuch ab . . . Der Russe hat weitgehende Kompromißbereitschaft im Zusammenhang mit Ostpreußen signalisiert." Skandalös sei, daß man ihm überhaupt ein Visum erteilt habe. „Weshalb aber wurde ihm das Visum nicht überhaupt verweigert . . .? Sofern die deutschen Behörden in der Lage waren, diese Reise zu verhindern – und das waren sie –, tragen sie auch Mitverantwortung für ihre politischen Folgen. Der Sinn der Visumpflicht kann nur darin bestehen, Ausländern, die kriminell oder aus anderen Gründen unerwünscht sind, die Einreise zu

verweigern. Welchen Zweck hat sie aber, wenn ‚Politiker' wie Schirinowskij ohne Schwierigkeiten durch dieses Netz schlüpfen können?"
Die „Allgemeine Jüdische" behauptete in diesem Zusammenhang, Schirinowskij sei „antisemitisch", weil er geäußert habe, zahlreiche Medien in Rußland seien „in jüdischen Händen" und weil er Regierungschef Gajdar „als Halbjuden beschimpft" habe. Schirinowskij gehöre zu jenen Kräften in Rußland, deren Wirken zur Folge habe, daß immer mehr Juden sich gezwungen sähen, ihre Heimat zu verlassen. Tatsächlich hatte der Exodus Hunderttausender Juden aus der Sowjetunion bzw. aus Rußland schon mit dem Niederbruch der bolschewistischen Herrschaft begonnen, also lange bevor Schirinowskij die politische Bühne betrat. Jüdische Themen hat der Vorsitzende der russischen Liberal-Demokraten weder bei seinen Ansprachen auf DVU-Kundgebungen in Deutschland noch bei Interviews mit bundesdeutschen Zeitungen berührt.
In der Ausgabe vom 28. August 1992 brachte die National-Zeitung ein ausführliches Gespräch mit Wladimir Schirinowskij, in welchem er den deutsch-russischen Konflikt als „das Verhängnis dieses Jahrhunderts" bezeichnete und weiter ausführte: „Die Beziehungen zwischen Deutschland und Rußland waren insbesondere im 19. Jahrhundert wunderbar. Es gilt nun, diese Tradition wieder aufzunehmen und mit neuem Leben zu erfüllen." Wenn Rußland in Deutschland einen Partner finde, dann werde die Frage Nordostpreußens und Königsbergs auch im Sinne Deutschlands gelöst werden können.

„Für deutsche Politik typische Schuldgefühle"

Dr. Frey suchte aber auch nicht nur den Kontakt zu Wladimir Schirinowskij. Er lotete auch die Ansichten zahlreicher anderer einflußreicher Repräsentanten der unterschiedlichsten politischen Ausrichtung im russischen Machtbereich aus. Im folgenden einige Kernsätze aus Interviews der Wochenblätter Dr. Freys mit solchen Persönlichkeiten, wobei deren Haltung zu Ostpreußen und den deutsch-russischen Beziehungen von besonderem Belang ist.
Professor Wladimir Gilmanow, der 1953 in Königsberg geboren wurde und an der dortigen Universität Germanistik und russische Kulturgeschichte lehrt sowie mit Buchveröffentlichungen zum Thema Königsberg hervorgetreten ist, erklärte in einem am 8. Mai 1992 veröffentlichten National-Zeitungs-Interview, daß der Status der Region Königsberg, „ein Territorium, das geschichtlich zu Deutschland gehört", völkerrechtswidrig geschaffen worden und daß

die Vertreibung der Deutschen ein „schreckliches Inferno“ gewesen sei. Doch sehe er „am Ende dieses schwarzen Tunnels jetzt das Licht einer neuen Zukunft für diese Region“. Die Bonner Politiker seien in bezug auf Nordostpreußen sehr viel zurückhaltender als die örtlichen und die Moskauer Politiker. „Das habe ich den Bonner Politikern bei einem Treffen auch schon vorgehalten, daß sie das Problem Nordostpreußens ignorieren. Die Bonner Position ist sogar kindisch. Alles bewegt sich momentan in Europa so intensiv. Und Nordostpreußen wird von diesem Prozeß bedauerlicherweise abgeschottet.“ Dabei biete sich gerade hier eine großartige Chance, die letzten Endes einseitigen Ergebnisse des Zweiten Weltkrieges auf gerechter Grundlage „umzudenken“. Die Antwort auf die Königsberg-Frage müsse konsequent und vernünftig „und ohne diese für die deutsche Politik typischen Schuldgefühle“ vorangetrieben werden. Sehr viele Einwohner Königsbergs würden schon deutsch lernen. Es sei „wirklich die Zeit der deutschsprachigen Renaissance“ und ein Zeichen der Umstellung. „Ich bin der Meinung, daß die Deutschen, die Beziehungen zu Nordostpreußen haben, das Recht erhalten müssen, zurückzukehren.“ National-Zeitungs-Frage: „Auch die Rußlanddeutschen?“ Gilmanow: „Hier besteht überhaupt kein Problem. Unser Regierungspräsident, Herr Matotschkin, hat festgestellt, daß die Rußlanddeutschen ohne irgendwelche Begrenzungen nach Nordostpreußen kommen können.“

Weitere Gedanken zu Nordostpreußen

Am 22. Mai 1992 kam Wladimir Doropow, stellvertretender Verwaltungschef Nordostpreußens, in der Deutschen National-Zeitung zu Wort. Ein wirklich großer Teil der Bevölkerung der Stadt befürworte die Rückbenennung in Königsberg, auch er persönlich sei für den historischen Namen, erklärte der zweithöchste Vertreter der unmittelbar dem russischen Präsidenten Jelzin unterstehenden Verwaltung Nordostpreußens. Auch sprach er sich für eine unbegrenzte Ansiedlungsmöglichkeit Rußlanddeutscher aus. „Viele sind schon hier, viele weitere fühlen sich hierhergezogen.“ Daß man sich der deutschen Geschichte Königsbergs wieder bewußt werde, würden symbolhafte Handlungen wie die Wiedereinweihung des Kant-Denkmals, der geplante Wiederaufbau des Domes, die Errichtung einer Gedenktafel am Haus von Agnes Miegel, die Jubiläumsfeierlichkeiten der Albertus-Universität und die Pflege der deutschen Friedhöfe zeigen. Doropow äußerte im National-Zeitungs-Gespräch den Wunsch, daß deutsche Lehrer nach Nordostpreußen kommen mögen, denn „hier wollen nun sehr viele Menschen deutsch lernen". Er habe auch schon eine deutsch-russische Schule vorgeschlagen, in der man besonders die Geschichte dieses Gebiets lernen sollte. Der stellvertretende russische Verwaltungschef gab in diesem Zusammenhang den Deutschen zu bedenken, daß es auch andere „Interessenten" gibt: Manche litauische Politiker würden sagen, Nordostpreußen gehöre zu Litauen. „Auch gibt es Landkarten, die unser Gebiet als Teil Litauens zeigen." In polnischen Presseorganen wiederum werde Königsberg als „polnische Stadt" bezeichnet.

Am 24. Juli 1992 brachte die National-Zeitung ein Gespräch mit Jakob G. Scharf, dem Chefredakteur der in St. Petersburg in deutscher und russischer Sprache erscheinenden St. Petersburgischen Zeitung. Dieses Organ der Deutschen Gesellschaft von St. Petersburg wurde ursprünglich 1727 gegründet und mußte 1916 das Erscheinen einstellen. Im Jahre 1991 erfolgte die Wiedergründung. Chefredakteur Scharf entstammt einem alten rußlanddeutschen Geschlecht, das unter der Zarenherrschaft berühmte Bauherren und hohe Offiziere hervorbrachte; er ist Lehrer für Sprachen, Kunst und Kultur. „Die so lange Zeit nicht möglich gewesene Pflege der deutschen Kultur ist das Hauptziel", äußerte Scharf zu den Vorhaben der Deutschen Gesellschaft und ihres Organs. Die organisatorische und finanzielle Hilfe aus der Bundesrepublik sei gering. „Man wünscht dort nicht so sehr, daß wir auch politische Standpunkte vertreten." Der Chefredakteur des deutsch-russischen Blattes von St. Petersburg gab seiner Erwartung Ausdruck, daß zunehmend mehr Rußlanddeutsche den Weg nach Königsberg nehmen werden. Abschließend sagte Scharf: „Ich weiß, daß die Deutsche National-Zeitung von vielen Rußlanddeutschen und von solchen Deutschen gelesen wird, die sich mit den deutsch-russischen Problemen befassen. Ich möchte die Gelegenheit nutzen, einen Gruß der Redaktion der St. Petersburgischen Zeitung zu übermitteln; mein Gruß gilt natürlich ganz besonders den vielen Rußlanddeutschen, die heute in der Bundesrepublik leben. Ich hoffe und wünsche, daß unsere Probleme in der ganzen deutschen Bevölkerung auf zunehmendes Verständnis und auf Unterstützung stoßen."

Am 20. November 1992 hieß es in der Deutschen National-Zeitung: „Der Verwaltungschef von Nordostpreußen, Jurij Matotschkin, hat im Gespräch mit unserer Zeitung die Bonner Haltung zum Thema Königsberg kritisiert. Auf die Frage, wie er sich das Desinteresse der deutschen Regierung und die Tatsache erkläre, daß in Königsberg nicht einmal ein deutsches Konsulat errichtet worden sei, erklärte Matotschkin: „Das muß man die deutsche

Regierung fragen. Ich bin dafür, daß hier ein Konsulat eröffnet wird. Wenn Deutschland mit entsprechenden Vorschlägen käme, hätten wir nichts dagegen. Das polnische Konsulat ist eröffnet worden. Litauens Wirtschaftsmission wird demnächst eröffnet." Der Anteil deutschen Kapitals im Königsberger Gebiet sei nach wie vor gering. Alles in allem habe Warschau einen Vorsprung gewonnen, wenn auch Polen nach seinem wirtschaftlichen Potential mit Deutschland nicht zu vergleichen sei. Den vertriebenen, früheren Einwohnern Königsbergs bot der direkt Präsident Jelzin unterstellte Verwaltungschef Zusammenarbeit an: „Wenn Interesse der früheren Bewohner besteht, sind wir jederzeit bereit, sie zu unterstützen. Viele kommen hierher, viele wollen ihrerseits helfen." Im Hinblick auf die Zuwanderung Rußlanddeutscher erklärte Matotschkin: „Jeder kann kommen."

„Alle Varianten durchgehen"

„Wir sprachen in der russischen Hauptstadt Moskau mit Valerij Novikov, dem Pressechef der russischen Kriegsflotte", hieß es am 27. November in der National-Zeitung. Bei seinem letzten Ostpreußenbesuch hatten ihn die alten Höfe der preußischen Bauern beeindruckt, die Bewässerungsanlagen und die deutschen Häuser, die die Zeit überdauert hatten. Auf die Frage nach neuen Modellen für Nordostpreußen im Sinne deutsch-russischer Freundschaft antwortete der Pressechef der Kriegsflotte: „Für mich persönlich wäre eine Korrektur annehmbar. Doch sollte man im Königsberger Gebiet erst einmal mit einer normalen Zusammenarbeit im wirtschaftlichen, kulturellen und öffentlichen Bereich beginnen, wie diese zwischen guten Nachbarn sein soll. Dieser Impuls würde uns morgen erlauben, kompetent über Fragen der Vereinigung, der Grenzziehung und spezieller Zonen zu entscheiden. Auf dieser Basis können wir alle Varianten durchgehen." Das demonstrative Desinteresse der Bonner Regierung an der ostpreußischen Hauptstadt hält Novikov für unverständlich.

In Fortsetzungen am 19. und 26. März 1992 brachte die National-Zeitung ein Interview mit Sergej Nikolajewitsch Baburin (35), Deputierter der Stadt Omsk im russischen Parlament und führender Mann der drittgrößten Fraktion, „Rußland", sowie der Russischen Volksunion, die 1990 als erste nichtkommunistische Opposition gebildet worden war. Baburin ist studierter Jurist und Germanist. Er äußerte in dem Pressegespräch: „Wir sind konservativ, wir sind für Traditionen. Wir können den Mantel der anderen Länder nicht über Rußland ziehen. Wir haben psychologische und ökonomische Besonderheiten." Mit dem Niedergang der Sowjetunion sei die Balance der Mächte in der Welt verschwunden. Jetzt wachse das Streben der USA, zur allein befehlsgebenden Macht zu werden. Er, Baburin, hoffe, daß das vereinigte Deutschland einen „stabilisierenden Faktor" darstellen werde. „Momentan ist Rußland aus der Reihe der Kandidaten für die entscheidende Rolle in der Weltpolitik ausgeschieden, obwohl ich nicht sagen kann, daß Rußland für immer zurückgetreten ist. Heute wird zu dem zweiten Pol entweder die islamische Welt oder Deutschland." Dem russischen Politiker schwebt ein „Euroasiatischer Block" vor, wobei „Deutschland in diesem Block zweifellos eine führende Rolle spielen muß". Er hofft, daß in den nächsten Jahren „ein Bündnis zwischen Rußland und Deutschland entstehen wird; und das wird ein sehr stabiles Bündnis sein".

„Kaliningrad als Brücke der Verständigung"

In den Ausgaben vom 2. und 9. April 1993 brachte die National-Zeitung ein Interview mit Oberstleutnant Stanislaw Terechow, Vorsitzender des einflußreichen „Bund der Offiziere" sowie Mitvorsitzender der „Front zur nationalen Rettung". „Wir sind bereit, mit Deutschland zusammenzuarbeiten und zusammenzuwirken", äußerte er. Ein Bündnis Moskau-Berlin im Sinne der Geopolitik als gleichberechtigte Partner bezeichnete er als „einfach ideal". Nordostpreußen hält Terechow vom russischen Standpunkt für unverzichtbar. „Ich denke, daß die möglichen Ansprüche Deutschlands gegenüber Polen einen gerechteren Grund haben könnten. Ich bin auf jeden Fall für die Zusammenarbeit mit Deutschland."
Am 17. September 1993 brachte die National-Zeitung ein Gespräch mit Wladimir Borisowitsch Isakow, Volksdeputierter des Parlaments der Russischen Förderation (Abgeordneter von Jekaterinburg, Jelzins Heimatstadt) und Mitbegründer der linkszentristischen Fraktion „Russische Einheit". Er setzte sich dabei dafür ein, „daß Kaliningrad sich wirklich in eine Brücke der Zusammenarbeit zwischen Deutschen und Russen verwandelt". Er hoffe, daß diese Zusammenarbeit wachse. Auf die Frage, was er von Schirinowskij halte, antwortete Isakow: „Je mehr die Gesellschaft weiter verarmt, desto mehr Chancen hat er. Was er sagt, stimmt, auch wenn er das in einer sehr heftigen und scharfen Form vorbringt. Ich denke, daß er ein Idol der unteren Schichten der Bevölkerung ist, und wenn wir bedenken, daß in dieser Schicht heute fast alle Intellektuellen und Arbeiter sind, kann er eine sehr breite soziale Basis haben."

SCHILLER

KANT

EWIG DEUTSCHES KÖNIGSBERG

Das Schillerdenkmal in Königsberg (Abb. gegenüberliegende Seite links oben) hat die Stürme der Zeit ebenso überdauert wie Kants Grabmal am Dom der ostpreußischen Hauptstadt (Bild darunter). Neu ist die Königsberger Ehrentafel für Agnes Miegel, die „Mutter Ostpreußens“; wiedererrichtet wurden die Kant-Tafel und das Kant-Denkmal in Königsberg. Untere Mitte: Vorder- und Rückseite der Königsberg-Medaille des FZ-Verlages.

„Am besten mit Deutschland im Bunde“

Auch die Ansichten von Michail A. Botscharow, Volksdeputierter des Parlaments und Vorsitzender des Internationalen Russischen Clubs, der prominente Geschäftsleute, Politiker, Juristen und Künstler vereint, wurden erkundet. In dem am 24. September 1993 von der Deutschen National-Zeitung veröffentlichten Gespräch bekundete er: „Rußland muß mit Deutschland auf jeden Fall zusammenarbeiten. Wirtschaftlich vor allem im Bereich des Schwermaschinenbaus. Wir sollten auch gemeinsam die neue Technologie entwickeln, um kleine, mittlere und große Unternehmen ins Leben zu rufen . . . Dieses würde Arbeitsplätze für Deutsche und Russen schaffen. Bei der Entwicklung neuer Technologien könnten wir uns das hohe Potential unserer Raumfahrt- und Verteidigungsindustrie zunutze machen und gemeinsam neue Märkte gewinnen.“ Auf die Frage, wie er über Schirinowskij denke: „Er kommt ab und zu zu mir. Er ist eine sehr interessante Persönlichkeit.“

Am 29. Oktober 1993 hatte in der National-Zeitung Sergej Wolkow, einer der Vorsitzenden des Russischen Allgemeinen Nationalbundes, das Wort. Er wies darauf hin, daß „die ideale russische Staatlichkeit mit starker deutscher Unterstützung entstanden“ sei, und zwar Ende des 18., Anfang des 19. Jahrhunderts. Damals sei die Hälfte der hohen Staatsbeamten Rußlands deutscher Abstammung gewesen. „Deshalb schätze ich sehr das Erbe des deutschen Elements in der russischen Staatlichkeit und gehe davon aus, daß Deutschland ein natürlicher Partner Rußlands sein sollte. In den Zeiten, als Rußland mit Deutschland im Bunde war, erreichte Rußland seine größte Macht. Der Streit zwischen uns endete jedes Mal schlecht für beide Seiten.“ Ein Bund zwischen Rußland und Deutschland sei unwiderstehlich. Auf das nördliche Ostpreußen angesprochen, äußerte Wolkow: „Die Existenz des Kaliningrader Gebietes ist Unfug. Rußland braucht dieses Gebiet gar nicht . . . Wenn Rußland und Deutschland in Freundschaft verbunden sind, kann man dieses Gebiet einfach zurückgeben . . . Ohne dieses Gebiet gibt es kein großes Deutschland, da Preußen den wichtigsten Bestandteil der deutschen Staatlichkeit darstellte. Und ohne das große Deutschland kann im Moment auch das große Rußland nicht bestehen.“

„Verhältnis zu Deutschland von großer Bedeutung“

Aufschlußreich war auch das National-Zeitungs-Gespräch mit Andreas Valme, einem Repräsentanten der Deutschen Gesellschaft in Udmurtien.

Seine Gesellschaft mit 1500 Mitgliedern bemüht sich um die Belange der Rußlanddeutschen. Die Hauptaufgabengebiete sind: Erlernen der deutschen Sprache, Hilfen für deutsche Familien, Förderung der Zusammenarbeit deutscher und russischer Unternehmer sowie Kulturarbeit. Auf die Frage, wie er den Zuzug vieler Rußlanddeutscher ins Königsberger Gebiet bewerte, antwortete Valme: „Sehr, sehr positiv.“ Und die Beziehungen zu Schirinowskij? Valme: „Viele unserer Mitglieder sind aktiv in seiner Liberal-Demokratischen Partei.“

Viktor Iwanowitsch Iljuchin war zwanzig Jahre erster Stellvertreter des Chefs der Untersuchungsbehörde der sowjetischen Staatsanwaltschaft und danach – im Range eines Generalleutnants – Leiter der Aufsichtsdirektion für die Ausführung der Staatssicherheitsgesetze. Er stand der Deutschen National-Zeitung für die Ausgabe vom 12. November 1993 Rede und Antwort. Iljuchin wirft Gorbatschow vor, nicht nur Totengräber der Großmacht Rußland gewesen zu sein und das russische Volk ins Elend gestürzt zu haben, sondern auch alle Völker der Welt dem Diktat der USA ausgeliefert zu haben: „Die Welt, die früher zwei starke Pole hatte und dadurch im Gleichgewicht war, ist heute in Gefahr, in den Abgrund zu stürzen. Der amerikanische Gendarmenstiefel zerdrückt den Irak und Somalia unter der UNO-Fahne und kann morgen durchaus in der Tschechei, Polen, dem Baltikum, Rußland, der Ukraine und dem Kaukasus einmarschieren.“ Was Iljuchin über die deutsch-russischen Beziehungen denkt: „Ich wünsche uns Deutschland als Verbündeten und guten Freund. Obwohl wir Kriege geführt haben, hatten wir traditionell starke, gute und freundschaftliche Beziehungen. Wir waren auch wirtschaftlich aufeinander angewiesen, und heute braucht Rußland Deutschlands Hilfe.“

Ex-Minister Dr. Sergej Glasjew, Spitzenkandidat der Demokratischen Partei Rußlands, die rund 6 Prozent erzielte, äußerte in dem am 24. Dezember 1993 veröffentlichten Gespräch mit der Deutschen National-Zeitung, daß er die deutsch-russischen Beziehungen für außerordentlich wichtig erachte. „Deutschland ist unser größter Handelspartner. Diese Beziehungen sind für uns von sehr großer Bedeutung.“ Sie sollten, so Glasjew, weiterentwickelt und vertieft werden. Die USA würden vor allem die wirtschaftliche Wiedergeburt Rußlands fürchten. „In diesem Sinne befürchten sie auch die Entwicklung der deutsch-russischen Beziehungen.“ Zum Thema Nordostpreußen äußerte der russische Politiker: „Dieses Gebiet entwickelt heute die Freie Handelszone und hat die meisten Begünstigungen im Kontakt zu allen Ländern. Ich glaube, dank der geographischen Nähe und einer gewissen Nostalgie in Deutschland sowie der Beziehungen, die wir schon jetzt haben, bestehen reale Voraussetzungen für eine schnelle Entwicklung der gemeinsamen deutsch-russischen Unternehmen auf diesem Territorium."

„Nie mehr zu 1914 oder 1941 zurückkehren!"

„Fremde Systeme passen Rußland nicht", betonte Marschall Eugenij Iwanowitsch Schaposchnikow, letzter Verteidigungsminister der Sowjetunion, in einem Interview mit der Deutschen Wochen-Zeitung, welches das Blatt am 7. Januar 1994 abdruckte. Zu den deutsch-russischen Beziehungen ließ er sich wie folgt ein: „Es wäre vor allem gut, wenn wir nie zum Standpunkt des Jahres 1914 oder 1941 zurückkehren. Unsere Beziehungen sollen nicht mehr auf Konfrontation gründen. Wir müssen lernen, einander zu hören und zu verstehen. Trotz der großen Kriege, die Deutschland mit Rußland geführt hat, waren Deutsche und Russen auch geschichtlich sehr eng verbunden – sowohl politisch als auch wirtschaftlich und kulturell. Wir haben schon eine Basis. Diese sollte man vergrößern und vertiefen, vor allem wirtschaftlich, dann kulturell und militärisch."

„Einen Bund zwischen Rußland und Deutschland sehe ich als Antwort auf die neue Bedrohung für die Welt." So eine Kernaussage im Interview der Deutschen Wochen-Zeitung (Ausgabe 14. Januar 1994) mit dem russischen Publizisten und Politiker Dimitrij Rogozin, Vorsitzender des „Kongresses für russische Gemeinden". Seine Organisation verficht die Interessen der 25 Millionen Russen, die außerhalb der heutigen russischen Staatsgrenzen leben. Die deutsche Mentalität liege der russischen viel näher als die amerikanische oder japanische, betonte Rogozin. Und er entwickelte folgenden Gedankengang: „Auf dem euroasiatischen Kontinent gibt es im Grunde nur zwei Großmächte: Rußland und Deutschland. Die Weltordnung und der Ablauf der Weltgeschehnisse waren schon immer von den Beziehungen zwischen Rußland und Deutschland abhängig. Die Erfahrungen der jüngsten Geschichte, die zwei Weltkriege, zeigen, daß sich Rußland und Deutschland keinen Krieg erlauben können. Wer will die gegenseitige Vernichtung? Weder die Deutschen noch wir! Andererseits sind deutsche und russische Kultur sehr ineinander verflochten. Allein die große Zahl deutscher Wörter in der russischen Sprache beweist dies. Ich glaube, daß sich die Russen und die Deutschen ähnlich sind, und ich weiß, daß zwischen den beiden Völkern eine große menschliche Sympathie besteht."

„Deutsche, werdet wieder deutsch!"

Der Germanist, Pädagoge und Publizist Boris Alexandrowitsch Kurkin war langjähriger Mitarbeiter von W. Sorkin, dem ehemaligen Vorsitzenden des sowjetrussischen Verfassungsgerichts, und unterrichtet an der Hochschule des Innenministeriums in Moskau. „Ein Bund zwischen Rußland und Deutschland wäre die natürlichste Sache für Europa", sagte er im Interview mit der Deutschen Wochen-Zeitung, veröffentlicht am 28. Januar 1994. Und er fuhr fort: „Die beiden Kriege zwischen Deutschland und Rußland waren eine wahrhafte Tragödie. Es gab eine ‚dritte Kraft', die uns gegeneinander gehetzt hat. Jetzt aber müssen Deutsche und Russen unbedingt zusammenhalten." Kurkin wünscht sich die Überwindung nationaler Bewußtlosigkeit im deutschen Volk: „Die Deutschen müssen sich ihrer eigenen Geschichte wieder erinnern und endlich wieder sagen: ‚Wir sind deutsch!' Ich spreche so oft mit Deutschen, und sie haben Angst zu sagen, daß sie deutsch sind. Wenn Deutschland weniger Angst hat, können wir den Drahtziehern, die eine Weltregierung wollen, widerstehen . . . Ich glaube, daß die Wiedergeburt des nationalen Bewußtseins kommen wird und die Deutschen sich doch zuerst als Deutsche empfinden." Kurkins Ansichten zu Nordostpreußen: „Alles ist möglich, man braucht nur etwas Gehirn im Kopf und zwei patriotische Regierungen." Was denkt er über Schirinowskij? „Ich bin seit zwei Jahrzehnten Pädagoge. Für mich ist er ein vorbildlicher Redner. Das Publikum ist von ihm stets begeistert. Er gewinnt immer das Interesse der Zuhörer."

Gegenkräfte nicht zu unterschätzen

In Dr. Freys Zeitungen sind aber auch sowohl Vertreter einer eher harten Haltung gegenüber Deutschland, die z. B. keinerlei Kompromiß in Sachen Königsberg zulassen wollen, zu Worte gekommen – so Konteradmiral Valentin Stepanov, Chef der Personalabteilung beim Oberbefehlshaber der Flotte (Interview mit der National-Zeitung vom 27. November 1992) – wie Wortführer der sogenannten Radikalreformer, die auf die amerikanische Karte setzen wie Arkadij Nikolajewitsch Muraschkow, Chef des „Zentrums für liberal-konservative Politik" (Gespräch mit der DWZ, veröffentlicht am 21. Januar 1994). Man darf nicht annehmen, daß Schirinowskijs prodeutsche Haltung in Rußland ungeteilte Sympathien genösse. Es gibt auch einflußreiche Gegenkräfte, so daß es vom deutschen Standpunkt her um so wichtiger und vernünftiger ist, prodeutsche Kräfte nicht zu verprellen.

„Seelenverwandtschaft zwischen Deutschen und Russen“

Dr. Frey nutzte das Frühjahr und den Sommer 1993 zu weiteren Gesprächen mit führenden Vertretern des russischen öffentlichen Lebens, vor allem mit Repräsentanten der Schirinowskij-Bewegung. Im April 1993 trat der Vorsitzende der Deutschen Volksunion und National-Zeitungs-Herausgeber als Gastredner auf dem Moskauer Parteitag der Liberal-Demokraten auf. Dabei führte er unter großem, teils sogar – wie es in Agenturberichten hieß – „stürmischem“ Applaus der Delegierten und Gäste unter anderem aus:
„Deutsche und Russen haben sich in zwei Weltkriegen Furchtbares angetan. Beide großen Kriege dieses Jahrhunderts haben Ihnen wie uns nur entsetzliche Nachteile gebracht. Wenn die Deutschen daran festhalten, daß Deutschland Deutschland bleiben soll und daß in Deutschland die Deutschen bestimmen und regieren, dann ist das wahrhaftig kein Ausdruck von Ausländerfeindlichkeit, sondern vielmehr die selbstverständliche Verwirklichung eines gottgegebenen Rechts. Genauso verstehen wir das gottgegebene Recht der Russen, daß Rußland russisch bleibt und daß Rußland von Russen nach russischen Interessen regiert wird. Wenn wir unser eigenes Volk lieben, so heißt das zugleich, daß wir andere Völker respektieren und schätzen. Uns Deutschen steht natürlicherweise die russische Seele viel näher als die amerikanische Lebensart, the american way of life. Wir sehen eine Seelenverwandtschaft von Russen und Deutschen. Unsere Freundschaft richtet sich gegen niemanden. Doch wir wollen auch nicht andere über das Ausmaß und die Herzlichkeit unserer Verbindungen in allen Bereichen bestimmen lassen. Wir sind sicher, daß Rußland zu sich kommt, daß die Lebensverhältnisse hier sich normalisieren und daß das russische Volk einer der großen und bestimmenden Faktoren der Weltgeschichte bleibt. Wohin ich auch sehe, so kann ich in allen Lebensfragen beider Völker nur gleiche oder ähnliche Interessen erkennen.“
In einem National-Zeitungs-Interview, das am 7. Mai 1993 veröffentlicht wurde, bekannte sich Schirinowskij „offen zu unserer Freundschaft zum deutschen Volk“. Er forderte, daß der Abzug russischer Truppen aus Deutschland einhergehen solle mit dem Abzug der Westmächte, stellte eine für Deutschland zufriedenstellende „Königsberg-Formel“ in Aussicht und betonte, „daß die Oder-Neiße-Linie nicht das letzte Wort der Geschichte ist“.
Am 4. Juni 1993 hieß es in einem National-Zeitungs-Kommentar aus der Feder des bekannten Publizisten und Kulturhistorikers Dr. Gustav Sichelschmidt: „Die hektischen Versuche der eingeflogenen Harvard-Professoren,

Es lebe die deutsch-russische Freundschaft!

Aus einem Beitrag von Dr. Gerhard Frey f
Liberaldemokratischen Parte

„Dauerhafte deutsch-russische Freundschaft“

ischen Wladimir Schirinowskij und Dr. Frey

„Der deutsch-russische Konflikt war das Verhängnis dieses Jahrhunderts“

Interview mit Wladimir Schi

Schirinowskij will Ostpreußen-Frage im Sinne Deutschlands lösen

gebung mit Dr. Frey und dem LDP-Vorsitzenden

Deutsche und Russen – Partner für immer

Dr. Freys Rede auf dem Parteitag der Libera

Deutsche und Russen – Freunde für immer

NATIONAL-ZEITUNGS-Interview mit Wladimir Schirinowskij, dem
der Wahlen in Rußland

„Gott hat uns zu Freunden bestimmt“

NATIONAL-ZEITUNGS-Exklusiv-Interview mit Wladimir Schirinowskij

20 • 2 февраля 1994 года ИЗВЕСТИЯ •

ерхард ФРЕЙ: «Я люблю Жириновского и Россию»

Schirinowskij-Schlagzeilen der Deutschen National-Zeitung und der Deutschen Wochen-Zeitung. Ganz unten: Überschrift der Moskauer „Iswestija“ vom 2. Februar 1994 zum Gespräch mit Dr. Frey: Der DVU-Vorsitzende bringt seine große Verehrung für Schirinowskij und Rußland zum Ausdruck.

dem Kapitalismus in Moskau nach siebzig Jahren Planwirtschaft auf die Sprünge zu verhelfen, haben sich als eine Illusion amerikanischer Weltbeglükker herausgestellt. Die rücksichtslose Amerikanisierung und Kolonialisierung des Landes, mit der man für die rückläufige amerikanische Wirtschaft neue Absatzmärkte herausschinden wollte, ist mit Pauken und Trompeten den Bach hinuntergegangen. Die Russen hat ihr noch intakter politischer Instinkt vor dem Schicksal der Deutschen bewahrt, nun auch noch mit den ‚Segnungen' des Kapitalismus in seiner auslaufenden liberalen Erscheinungsform triste Erfahrungen zu machen. Die anonymen Strategen der Wall Street, die sich ihrer Sache schon so sicher waren, sehen sich nun zerknirscht mit einer anwachsenden oppositionellen Bewegung konfrontiert . . . Man will sich aus der Umklammerung des keineswegs mehr goldenen Westens lösen und sein Schicksal in die eigenen Hände nehmen . . . Mit dem Prestigeverlust des Westens, der bisher maßlose Armut, Arbeitslosigkeit, Kriminalität und Sittenverfall importiert hat, steigen auch die Aussichten des Chefs der Liberal-Demokratischen Partei, Wladimir Schirinowskij, erheblich. Von ihm weiß man, daß er das seelische Klima im Lande wie kaum ein anderer Politiker kennt und daß er Millionen hinter sich bringen würde, wenn Jelzin sich zu einer Neuwahl durchringen könnte." Wahltriumph für Schirinowskij? Was zum Zeitpunkt der Veröffentlichung dieser Zeilen in der National-Zeitung noch von vielen müde belächelt wurde, sollte schon ein halbes Jahr später Wirklichkeit sein.

Schirinowskijs Auftritt in Passau

Am 2. Oktober 1993 trat Wladimir Schirinowskij als Gastredner auf der Großkundgebung der Deutschen Volksunion in der Passauer Nibelungenhalle auf. „Es war ein großer Tag für alle, denen Deutschland am Herzen liegt. Die DVU-Großkundgebung am Vorabend des dritten Jahrestages der Wiedervereinigung zwischen West- und Mitteldeutschland nahm einen ebenso denkwürdigen wie harmonischen Verlauf", hieß es im National-Zeitungs-Bericht vom 8. Oktober des Jahres. In seiner Rede hatte Schirinowskij betont, daß er seine Politik auf eine fruchtbare deutsch-russische Zusammenarbeit aufbauen wolle. Den Kundgebungsteilnehmern rief er zu: „Sie können stolz darauf sein, Deutsche zu sein. Sie brauchen sich von niemandem belehren zu lassen." Schirinowskij sprach sich gegen jede Einmischung in die deutsch-russischen Beziehungen von außen aus, erteilte Überfremdungsversuchen eine Absage und plädierte für den Abzug aller fremder Truppen aus Deutschland. Außerdem könne, so der russische Politiker in Passau, über partnerschaftliche Beziehungen auch die Königsbergfrage gelöst werden. Schirinowskij rief Glanzlichter deutsch-russischer Geschichte ins Gedächtnis, zum Beispiel die gemeinsame Abwehr der Osmanengefahr und die Waffenbrüderschaft in den Befreiungskriegen. Abschließend rief er aus: „Es lebe ein starkes Deutschland. Es lebe ein starkes Rußland. Es lebe die deutsch-russische Freundschaft. Deutsche und Russen – Freunde für immer!"

Während die National-Zeitung prognostizierte: „Schirinowskij hat alle Chancen, zum ganz entscheidenden Faktor in Rußland zu werden", schwieg die große Mehrheit der Medien in der Bundesrepublik den Auftritt des russischen Politikers, der damals immerhin schon die drittstärkste Bewegung des größten Staates der Welt repräsentierte, tot. Wenn überhaupt Berichte erschienen, waren sie meist hämisch. Man verspottete Schirinowskij als Randgestalt der Moskauer Polit-Szene, über den es sich nicht zu reden lohne.

Nach dem Sieg vom 12. Dezember 1993

Diese verantwortungsvergessene Mischung aus Ignoranz und Arroganz wich schon bald bassem Erstaunen und jähem Entsetzen, als die Schirinowskij-Bewegung bei der Parlamentswahl am 12. Dezember 1993 zur stärksten Kraft Rußlands aufstieg. Nun wurde Wladimir Schirinowskij zur schlagzeilenumtobten Titelfigur sogar bundesdeutscher Lokalblätter:

- „Schirinowskij – Rußlands kometenhafter Aufsteiger" (Münstersche Zeitung)
- „Schirinowskij – der radikale Agitator ist Überraschungssieger bei den Wahlen" (Mainzer Allgemeine)
- „Nationalisten liegen bei der Wahl in Rußland klar in Führung" (Straubinger Tageblatt)
- „Entsetzen über Sieg der Rechtsextremen in Moskau" (Heidenheimer Zeitung)

So lauteten einige von zahlreichen gleichartigen Schlagzeilen der bundesrepublikanischen Presse nach der russischen Wahl.

Fernsehen und Boulevard-Blätter bildeten die Speerspitze der nun mit großer Kraftanstrengung einsetzenden Anti-Schirinowskij-Kampagne. Daß der russische Wahlsieger einen Dritten Weltkrieg ansteuere, behauptete titelseitig und mit Balkenüberschrift am zweiten Tag nach der Russenwahl nicht nur die Münchner „tz". Auch und vor allem der „Bild"-Zeitung war es sofort ein Herzensanliegen, Schirinowskij zu einer Mischung aus Untermensch und

Überteufel zu machen: „3. Weltkrieg, wenn Schirinowskij an die Macht kommt", brüllte die Schlagzeile der „Bild" am 14. Dezember 1993. Und das Blatt deklarierte den Russen zur Reinkarnation des nationalsozialistischen Führers: „Neuer Hitler siegt".

Wie ein Trostpflaster wurde den Deutschen der Sieg Jelzins bei der gleichzeitigen Abstimmung über die neue Verfassung dargestellt. Diese hatte die Hürden knapp genommen. Nur etwas mehr als 50 Prozent der Wahlberechtigten hatten sich am Verfassungsvotum beteiligt. Was aber bundesdeutsche Medien der hiesigen Öffentlichkeit weitgehend verschwiegen: Ohne Schirinowskijs Aufruf, Jelzins Verfassungsentwurf zuzustimmen, wäre das Vorhaben gescheitert. Da man einerseits in deutschen Organen Jelzins Verfassung als der Weisheit letzten Schluß und gewaltiges Segenswerk darstellte, konnte man nicht andererseits einräumen, daß Schirinowskij, der absolute Buhmann, den entscheidenden Beitrag zur Annahme dieses neuen russischen Grundgesetzes durch das Volk geleistet hatte.

„Russen-Hitler", „KGB-Mann" usw.

Schon in den ersten Meldungen und Kommentaren etablierter deutscher Medien nach Schirinowskijs Wahltriumph wurden die skurrilsten Behauptungen verbreitet. So druckten zahlreiche Tageszeitungen einen „Hintergrundbericht" der Deutschen Presseagentur (dpa) zum „Phänomen Schirinowskij". Demzufolge lasse sich die Millionengefolgschaft des Vorsitzenden der Liberal-Demokraten ganz wesentlich damit erklären, daß er den russischen Massen Wodka zum Spottpreis versprochen habe. Man bemühte also die primitivsten Klischees über das russische Volk; in diesem Falle die Vorstellung von einer Säufernation, die für Billigfusel zu allem bereit sei. Auch daß Schirinowskij „irgend etwas" mit dem sowjetkommunistischen Geheimdienst KGB zu tun habe, wurde im dpa-„Hintergrundbericht" ausgestreut: „Gerüchte machten die Runde, seine Partei sei eine Idee des KGB."

Kurt Seinitz, der österreichische Medien mit Kommentaren versorgt, gab in seinem „Bericht" des 14. Dezember 1993 über Schirinowskij vor, besonders gut über die KGB-Verbindungen des Russen Bescheid zu wissen: „Der eigentliche Beruf des begnadeten Demagogen und Dauerredners ist der eines Volksverhetzers und ‚Agent provocateurs' des KGB." KGB-Chef Andropow (der kurz vor seinem Tode auch KPdSU-Führer geworden war) habe höchstpersönlich Schirinowskijs entsprechende Talente entdeckt und ihn „eingesetzt". Außerdem „outete" Seinitz Schirinowskij als „Sohn eines russischen

Juden“ und erschreckte die Öffentlichkeit mit der sensationellen „Enthüllung“, daß „Wladimir Adolf (!) Schirinowskij“ einen Skinhead ins Amt des Innenministers berufen wolle.

Während ein Teil der Medien Schirinowskij als verkappten Kommunisten auftreten ließ, bevorzugten andere die „Faschismus-Keule“ und machten ihn zum „neuen Hitler“ oder „Russen-Hitler“. Manches Blatt brachte in ein- und derselben Ausgabe beide Versionen zugleich. Schirinowskij als KGB-Hitler . . .

Einen besonders bemerkenswerten „Beweis“ für die „Wesensgleichheit“ von Schirinowskij und Hitler brachte der für etliche deutsche Zeitungen schreibende Korrespondent Christian Burckhardt: Wie Adolf Hitler sei auch der Russe früher „ein einsamer, kontaktscheuer junger Mann mit Problemen mit dem anderen Geschlecht“ gewesen. Hier deutete sich erstmals das „Sex“-Motiv an, das im weiteren Verlauf der bundesdeutschen Anti-Schirinowskij-Kampagne eine besondere Rolle spielen sollte.

Apokalyptische Propaganda

Der „neue Hitler“ bedrohe Deutschland mit einem Atomschlag, wußte die „Bild-Zeitung“ nach der Russenwahl über Schirinowskij. Man berief sich auf eine lang zurückliegende Äußerung des Führers der Liberal-Demokraten, die in den folgenden Wochen – ihres Zusammenhangs entrissen – auch zigdutzendfach im deutschen Fernsehen ausgestrahlt wurde. Schirinowskij hatte 1991 im Zusammenhang mit einer möglichen Intervention fremder Mächte in Rußland den Einsatz aller Verteidigungsmöglichkeiten seines Staates, einschließlich der Atomwaffen, verlangt; auch gegen Deutschland, wenn es sich an einer solchen Aggression beteiligen sollte. Ganz besonders aber empörte es die „Bild“-Zeitung in ihrer Ausgabe vom 14. Dezember 1993: „Sein erstes Interview gab Schirinowskij der berüchtigten Münchner National-Zeitung.“

Manches deutsche Presseorgan verlor sich schon in militärische Planspiele, wie man nämlich ein von Schirinowskij geführtes Rußland mit Pulverdampf, notfalls Atomblitz, kirre machen könne. Andere gaben Russenpräsident Jelzin – ungefragterweise – „gute Ratschläge“, wie er (unter Ausschaltung des Volkswillens, in diktatorischer Manier) den „rechtsextremen Schirinowskij“ fertigmachen könne: „Notfalls gibt die Verfassung dem Präsidenten sogar das Recht, über das Parlament hinweg mit Dekreten zu regieren . . . Und im

Schirinowskij: Der Rechtsextremist nutzt mit seinen wirtschaftspolitischen Parolen die Schwächen der Reformer aus

Blitzkrieg für Rußland

Breschnews Auferstehung

Russen-Hitler Sein Programm: Brot und Wodka

Fortsetzung von Seite 1

Russen-Hitler will wieder nach Deutschland

Deutschland-Verbot für Russen-Nazi

CDU/CSU und SPD warnen nach dem Besuch von Schirinowski in Deutschland vor einem „rechtsradikalen Netwo

„Rechtsextremistische Internationale bekämpfen“

SPD- und CDU-Politiker befürworten Einreiseverbot

Schirinowskij „unerwünschte Person“

Unbehagen über Besuch des russischen Rechtsradikalen

Sorge um Deutschlands Ruf

Wegen Schirinowskis Einreiseerlaubnis schlagen in Bonn die Wogen hoch

RUSSISCHER RECHTSEXTREMIST

SPD empört über Einreisevisum für Schirinowski

Das Phänomen Schirinowski

„Er erinnert an Hitler“

Kriegshetzer Schirinowski – die Justiz ermittelt

Dem russischen Wahlsieger drohen bis zu 8 Jahre Haft

Schirinowski droht mit Weltkrieg

Nationalistenchef Schirinowski droht Deutschland

Die Bundesregierung hat die Äußerungen des Russen entschieden zurückgewiesen

Hitler-Fan Schirinowski: Jetzt will er sogar die ganze Welt vernichten

Zwei Rechte marschieren Seit' an Seit': Schirinowski und DVU-ChefFrey

Russischer Faschist droht mit neuer Superwaffe – Schlimmer als die Atombombe

Russen-Hitler in Deutschland gelandet

Schirinowski darf bei uns nicht auftreten

Weg mit Wladimir!

Russen-Nazi droht mit Strahlenwaffe

Schirinowski sagt TV-Live-Auftritt in Deutschland ab

„Rußland könnte die ganze Welt vernichten"

„3. Weltkrieg, wenn Schirinowski an die Macht kommt"

Ein neuer Hitler bedroht die Welt

Wladimir Schirinowski

Der „Messias" mit der Wodka-Fahne

Ab dem Tag nach Schirinowskijs Wahlsieg im Dezember 1993 ging auf die bundesdeutsche Öffentlichkeit ein propagandistisches Trommelfeuer ohnegleichen nieder. Hier einige Beispiele für Aberhunderte ähnliche Schlagzeilen. Die Gleichschaltung war nahezu vollkommen.

denkbar gefährlichsten Fall kann der Reformpräsident noch immer das Parlament auflösen." (Kölnische Rundschau, 14. Dezember 1993.)
Während die bundesdeutsche Meinungsmache die hiesige Öffentlichkeit in apokalyptische Visionen wegen Schirinowskijs Wahlsieg stürzte, sah man die Dinge in Moskau, aber auch in Washington, viel gelassener: Jelzins Sprecher Wjatscheslaw Kostikow bekundete noch in der Wahlnacht, als die ersten Ergebnisse bekannt wurden, er sehe „mögliche Ansätze für eine Zusammenarbeit" zwischen dem russischen Präsidenten und Schirinowskij. In der offiziellen Stellungnahme des Washingtoner Weißen Hauses hieß es lakonisch, Präsident Clinton sei „nicht überrascht" vom Ergebnis der russischen Parlamentswahl.
Was aber bundesdeutsche Blätter wie die „Bild"-Zeitung in ihrer maßlosen Panikmache nicht im geringsten beeinträchtigte. „Die Welt beginnt wieder zu zittern", behauptete das Springer-Organ am 16. Dezember 1993 über die angeblichen Folgen des Schirinowskij-Erfolges. Und zu einem Bild des russischen Politikers mit seiner Frau schrieb die Zeitung: „Rußlands faschistischer Wahl-Sieger prostet seiner Frau Ljudmila (46, Anwältin, fettige Haare, streng nach hinten gekämmt, lila Lippenstift) zu. Schaurig." Jetzt sei Jelzins Leben in Gefahr. „Attentate von Faschisten" seien zu befürchten. Und dann die nächste Stufe der „Sex"-Masche. „Bild": „Schirinowskij soll bisexuelle Neigungen haben."

Frey und Schirinowskij nach der Wahl

Dr. Frey hatte unmittelbar nach Bekanntwerden der ersten Hochrechnungen ein Telegramm an Schirinowskij gerichtet und ihm „zum überwältigenden Sieg meine allerherzlichsten Glück- und Segenswünsche" übermittelt. Der DVU-Vorsitzende gab seiner Hoffnung Ausdruck, daß dies ein „Meilenstein auf dem Weg sei, Russen und Deutsche in ewiger Freundschaft und Partnerschaft zu vereinen und auf Dauer Frieden, Gerechtigkeit und Wohlergehen unserer Völker zu sichern". Erforderlich sei „der Schulterschluß der beiden größten Völker des Abendlandes, der Russen und der Deutschen". Niemals wieder solle es gelingen, „diese beiden im Grunde so seelenverwandten Nationen mit einer Fülle gemeinsamer Interessen und einer herrlichen Geschichte gemeinsam erfochtener Erfolge gegeneinander zu hetzen". Frey fuhr in seinem Telegramm fort: „Von Ostpreußen ging 1812/13 das deutsch-russische Signal der Befreiung aus. Und Ostpreußen wird auch jetzt wieder in vereinter Anstrengung der Kristallisationspunkt neuer wegweisender deutsch-russischer Gemeinsamkeit werden . . . Es lebe das große, ewig unbesiegbare Rußland. Es lebe die deutsch-russische Freundschaft."

In ihrer Ausgabe vom 17. Dezember brachte die National-Zeitung als erstes Blatt außerhalb Rußlands ein ausführliches Interview mit Schirinowskij nach dessen Wahltriumph. Es trug die Schlagzeile „Deutsche und Russen – Freunde für immer". In dem Interview nannte der Chef der Liberal-Demokraten als sein Erfolgsrezept: „Wir verfechten die Lebensinteressen des großen Rußland und zugleich des kleinen Mannes." Daß es vorwiegend die sogenannten kleinen Leute, die „unteren" Volksschichten waren, die in hellen Scharen für Schirinowskij gestimmt hatten, wurde später auch durch genaue Analysen der russischen Wahlen bestätigt.

Im National-Zeitungs-Gespräch entwickelte der russische Wahlsieger seine innenpolitischen Konzepte, so zum Beispiel ein gemischtes System von Privat- und Staatswirtschaft und knallharte Bekämpfung der zahlreichen Mafia-Banden. Er begrüßte die neue Verfassung, die mit seiner Hilfe vom Volk angenommen worden war: „Die Macht des Präsidenten ist gestärkt worden. Das ist gut so. Rußland braucht einen starken Präsidenten, damit das Land und seine Wirtschaft gesunden kann." Ferner betonte Schirinowskij in dem Interview, daß er Rußlands Großmachtstatus für unverzichtbar halte, auch damit „die Welt nicht nach der Pfeife des Weltpolizisten tanzen" müsse. Die Behauptung, er sei ein Feind der Deutschen, sei an Primitivität nicht zu übertreffen, sagte der russische Politiker weiter. Das Gegenteil treffe zu. Nochmals verwies er auf die Möglichkeit, eine einvernehmliche Lösung für Königsberg zu finden, und Schirinowskij bezweifelte erneut den dauerhaften Bestand der von ihm als ungerecht bezeichneten Oder-Neiße-Linie.

„Wird der Russenbär zur Bestie?"

In einem Kommentar der Deutschen Wochen-Zeitung des 17. Dezember 1993 unter der Schlagzeile „Russen = ‚Untermenschen', Italiener = ‚verrückt'" hieß es über die Methoden etablierter Meinungsmacher der Bundesrepublik: „Nach dem phänomenalen Wahltriumph des rechten Russen Wladimir Schirinowskij wiederholt sich, was schon kürzlich nach dem Erdrutschsieg der Rechten in Italien geschah: Wie die Wilden toben hiesige Meinungsmacher über die Entscheidung eines anderen Volkes. Ausgerechnet jene, die uns über Jahre hinweg zu würdelosester Speichelleckerei und Kriecherei vor Ausländern ermahnt haben, führen sich nunmehr so auf, als wäre das Wörterbuch des Unmenschen ihre Bibel. Die Abermillionen Russen, die Schirinowskijs Bewe-

Vorwürfe gegen extreme Rechte

Moskau — Nach dem überraschend guten Abschneiden seiner rechtsextremen „Liberaldemokratischen Partei" bei den russischen Parlamentswahlen häufen sich die Vorwürfe gegen den Ultranationalisten Wladimir Schirinowski. Konstantin Borowoj, Vizepräsident der kleinen Reformpartei „Wirtschaftliche Freiheit", versicherte nach Angaben der Nachrichtenagentur Interfax, Schirinowski habe im Wahlkampf mit Hypnose gearbeitet. In Werbespots der Rechtsextremen war auch wiederholt der bekannte Hypnotiseur und LDP-Kandidat Anatoli Kaschpirowski aufgetreten. Borowoj stützt seine Behauptungen vor allem auf Erkenntnisse des ebenfalls bekannten Psychologen und Hypnotiseurs Juri Gorni, der die LDP-Spots analysiert habe. Der Führer der ukrainischen Liberaldemokraten, Wladimir Klimschuk, warf Schirinowski am Montag vor, seine Partei sei von dem früheren sowjetischen Geheimdienst KGB gegründet worden.

Kaum hatte das russische Volk im Dezember 1993 Schirinowskijs Liberal-Demokraten zur stärksten Partei des größten Staates der Erde gewählt, setzte in bundesdeutschen Medien – wie gleichgeschaltet – die Hetze ein. Oben: „Bild"-Zeitung; unten: „Super-Illu". Keine Behauptung war zu absurd, als daß sie nicht bundesweit gebracht worden wäre. Auch nicht die Meldung von „Schirinowskijs Wahlsieg durch Hypnose" (links).

gung das Vertrauen schenkten, erscheinen wie ‚Untermenschen' in bundesdeutschen Medien. ‚Wird der Bär zur Bestie?' hetzen Revolverblätter das deutsche Volk gegen die Russen auf. Wenn das nicht widerwärtige Ausländerfeindlichkeit in höchster Potenz ist! Derselbe bundesdeutsche Revolverjournalismus hat das italienische Volk nach den rechten Sensationsergebnissen kollektiv auf die Couch des Irrenarztes gelegt und kurzerhand für verrückt erklärt. Abstoßend! Für uns Rechte gilt das Prinzip: Es ist jedes Volkes ureigene Angelegenheit, wen es wählt. Deutsche Politiker und Medien haben nicht die Aufgabe, die Oberrichter der ganzen Erde zu spielen nach dem Motto: ‚Am deutschen Wesen soll die Welt genesen'. . . In Schulgeschichtsbüchern erscheint Kaiser Wilhelm II. als eine Mischung aus Blödian und Schurke, weil er sich unziemlicherweise in fremde Angelegenheiten eingemischt habe. Und was machen die selbsternannten Volkspädagogen von heute, wenn ein anderes Volk nicht nach ihrer Pfeife tanzt?"

Unablässig zogen bundesdeutsche Medien alle Register der „Propaganda und Volksaufklärung" bekannter Machart gegen Schirinowskij. Ohne einen Beweis für die Behauptung zu liefern, hieß es am 18. Dezember 1993 in verschiedenen Presseorganen, Schirinowskijs Vater sei Jude gewesen und der „Russen-Hitler" habe sich vor zehn Jahren um die Einwanderung nach Israel beworben. Das hätten „israelische Zeitungen enthüllt". Während man einerseits „dem Juden Schirinowskij" auf der Spur war, bemühte man sich andererseits, manchmal sogar in derselben Zeitung und auch noch im selben Artikel, den russischen Politiker zu einem „Adolfowitsch" zu machen. Am 19. Dezember 1993 kommentierte „Bild am Sonntag" Dr. Freys Hinweis auf Schirinowskijs eher mäßigen Alkoholkonsum mit dem Satz: „Auch Adolf Hitler war Antialkoholiker." So verbiegt man selbst das Blaue Kreuz zum Hakenkreuz.

„Schirinowskij siegte durch Hypnose"

Mit Ablauf der ersten Woche nach der Russenwahl hatten sich auch bundesdeutsche Illustrierte des Themas Schirinowskij bemächtigt. Was eine neue Dimension der „Volksaufklärung" brachte. „Focus" zum Beispiel veröffentlichte eine besonders interessante Deutung zum Geheimnis von Schirinowskijs Wahlerfolg: „Höhere Gewalt macht Börsenchef Konstantin Borowoj für den Wahl-Erdrutsch verantwortlich: Der populäre Wunderheiler und LDPR-Kandidat Kaschpirowskij habe seinem Parteichef Schirinowskij verraten, wie das Wahlvolk mit TV-Seancen in nationale Trance versetzt werden könne." Des russischen Wahlsiegers Vorschlag, „Ostpreußen von Rußland und

Deutschland gemeinsam zu bewirtschaften", wertete „Focus" als besonders krasses Beispiel für Schirinowskijs „Imperial"-Kurs. Weiter „enthüllte" das Nachrichtenmagazin, daß der russische Politiker als Schüler Schwarzfahrer gewesen sei, „die Nähe zu Prostituierten gesucht" habe, „zänkisch und unmusikalisch" sei, einem Ex-Staatsanwalt auf den Hinterkopf geschlagen habe und – zweifellos der Höhepunkt –: „Er haßt Katzen."
Der „Spiegel" sah bereits „Weimar an der Wolga" wegen „Wladimir Adolfowitsch" heraufdämmern. „Schon der nächste Präsident, spätestens im Juni 1996 zu wählen, könne Schirinowskij heißen und die Pflugschare wieder zu Schwertern umschmieden." Besonders gefährlich seien „Drohungen (!) Schirinowskijs, das frühere Ostpreußen einträchtig mit den Deutschen zu nutzen." Der Vater des russischen Politikers habe eigentlich Wolf Aronowitsch geheißen und sich, um die jüdische Herkunft zu verschleiern, in Wolf Andrejewitsch umbenannt. Bei Schirinowskij selbst falle „KGB-Nähe" auf, er sei „offenkundig beim KGB angepflockt".

Wenn man ihn zu Wort kommen ließ . . .

Immerhin gab das Augstein-Blatt Schirinowskij Gelegenheit, in einem Interview auch einmal selbst zu Wort zu kommen. Die Deutschland betreffenden Aussagen Schirinowskijs lauteten dabei: „Wir wollen aufrichtige Freundschaft mit anderen Ländern. Das gilt besonders für Deutschland. Russen und Deutsche dürfen niemals mehr gegeneinander kämpfen. Für uns sind die besten partnerschaftlichen Beziehungen gerade gut genug. . . Mein innigster Wunsch ist, daß die letzten russischen Soldaten bald deutschen Boden verlassen – aber auch alle amerikanischen sollen gehen. Kein ausländischer Militärstützpunkt darf auf deutschem Boden zurückbleiben. Deutschland soll uneingeschränkt frei sein . . . Die Welt braucht sich vor uns nicht mehr zu fürchten. Von russischem Boden wird niemals mehr Gefahr für andere ausgehen: keine Gebietsansprüche, kein Militäreinsatz, volle Einhaltung aller internationalen Verträge, Rußland wird ein zivilisiertes europäisches Land, weltoffen, ohne Gulag, ohne Repressalien, ohne Stalinismus und – Gott behüte – Faschismus. Nur Demokratie." („Spiegel"-Interview mit Schirinowskij, veröffentlicht in Ausgabe Nr. 51 vom 20. Dezember 1993).
Zwei Tage später, am 22. Dezember, kam der „Stern" mit seiner mehrseitigen Geschichte über den „furchterregenden Wahlsieger von Moskau" heraus. Daß sich Schirinowskij und Dr. Frey über Königsberg einig seien und der russische Politiker einem Stern-Reporter bestätigte: „Wir sind zu Verhand-

lungen über Ostpreußen bereit", brachte das Blatt in Rage. Schlimmer noch: „Frey und Schirinowskij haben sich über Polen hergemacht und die Oder-Neiße-Linie für ein vorübergehendes Gebilde erklärt".

Propaganda und Moskauer Wirklichkeit

„Ein neuer Hitler bedroht die Welt", schlagzeilte die für Enthüllung gewisser nackter Tatsachen bekannte „Neue Revue" in ihrer Ausgabe vom 22. Dezember 1993. „Mittelgroß mit wirren Haaren und theatralischen Gebärden" lege Schirinowskij nur Pausen in seinen stundenlangen Reden ein, „um seine Fäuste drohend zu schütteln". Der „Messias mit der Wodka-Flasche" lasse sich „von seinen Anhängern ‚Fjurer', also ‚Führer', rufen", wußten die Fachlinguisten im Busenblatt. Außerdem habe Schirinowskij seine Leute „nach dem Muster von SA-Trupps aufgestellt". Daß der Chef der Liberal-Demokraten „sich und das Volk mit faschistischen Parolen berauschen" könne, liege daran, daß „die Russen auf niedrige Preise und billigen Wodka hoffen".

„Das Land, das unter dem deutschen Faschismus am meisten gelitten hat, schwört nun selbst auf die nationalsozialistische Ideologie", verstand „Die Woche" in ihrer Ausgabe vom 22. Dezember 1993 die Welt nicht mehr. „Adolfowitsch" sei „beim verunsicherten Volk gut angekommen, zu gut". Er verstehe es, „die einfachen Leute auf seine Seite zu ziehen. Er ist ein Volkstribun, benutzt schlichte Worte, verständliche Argumente." Doch wenn „auf der Stirn Zornesadern schwellen, sich zwei steile Falten bilden, die Augen böse funkeln, er seine Wut förmlich ausspuckt, die Stimme hebt, lauter wird, sich überschlägt", dann werde deutlich, welchen Kalibers der Bursche wirklich sei. Das Allerschlimmste: „Der Sieg der russischen Rechten gibt der braunen Internationale Auftrieb."

Ganz besonders ging es der Meinungsmache darum, den Bundesdeutschen weiszumachen, Schirinowskij sei auf der politischen Bühne Moskaus völlig isoliert, man meide ihn wie die Pest, er stecke in hermetisch abgeschlossener Polit-Quarantäne. Denn nur so konnte man auch Frey zu des Teufels Tippelbruder erklären. Tatsächlich aber hatten schon längst Treffen des Vorsitzenden der Liberal-Demokraten mit Jelzin-Vertrauten, zum Beispiel dem stellvertretenden Chef des Präsidentenstabes, Medwedjew, stattgefunden. Jelzins Berater Filatow hatte verkündet, „bestimmte Elemente" im Programm Schirinowskjs kämen den Vorstellungen des russischen Staatsoberhauptes nahe. Boris Jelzin selbst bezeichnete eine Zusammenarbeit mit Schirinowskij im neuen Parlament als möglich: „Wenn er konstruktiv und zum Wohle des Landes und des Volkes handelt, werden wir natürlich mit ihm zusammenarbeiten." Und während die deutsche Linke sich vor dem „Russenhitler" und „Chef-Faschisten" kräftig gruselte, äußerte Gennadi Sjuganow, Vorsitzender der mit 13 Prozent an dritter Stelle von allen Parteien liegenden Kommunisten, bei den Liberal-Demokraten Schirinowskijs handele es sich gar nicht um Faschisten und eine Zusammenarbeit mit ihnen sei „in bestimmten Fällen" denkbar.

Der Deutschlandbesuch Ende 1993

Schirinowskijs Deutschlandbesuch unmittelbar vor Weihnachten 1993, bei dem er auch erneut mit Dr. Frey zusammentraf, brachte die etablierte bundesrepublikanische Meinungsmache abermals auf Hochtouren: „Führer der russischen Rechtsradikalen heute in Deutschland" (Nürnberger Nachrichten) oder „Russen-Hitler in Deutschland gelandet" („Bild"-Zeitung). Mit solchen Schlagzeilen wurde der Vorsitzende der stärksten politischen Kraft des größten Staates der Erde in der Bundesrepublik Deutschland „willkommen" geheißen. Es war der wohl unfreundlichste und bösartigste Empfang, der jemals einem maßgeblichen ausländischen Politiker von der veröffentlichten Meinung in Deutschland bereitet worden ist. Als die kommunistischen Diktatoren des Ostens, zum Beispiel Breschnjew, in der Bundesrepublik zu Besuch eingetroffen waren, hatte es Hymnen auf sie in etlichen etablierten Medien gegeben.

Auch manche Repräsentanten der Bonner Politik, die früher vor Breschnjew & Co. den roten Teppich hatten ausrollen lassen, gifteten nun gegen den vom russischen Volk in geheimer Wahl mit dem meisten Vertrauen ausgestatteten Führer der Liberal-Demokraten. Die SPD sprach von einem „Skandal", daß Schirinowskij überhaupt habe einreisen dürfen. Der außenpolitische Sprecher der Sozialdemokraten, Karsten Voigt, sah „Deutschlands Ansehen in der Welt gefährdet" und warnte, „daß dem Rechtsradikalismus in der Bundesrepublik Vorschub geleistet" werde. Der stellvertretende Vorsitzende der CDU/CSU-Bundestagsfraktion, Gerster, kritisierte den Besuch Schirinowskijs in Deutschland als „unerträglich"; der Führer der stärksten politischen Kraft Rußlands sei in der Bundesrepublik eine „unerwünschte Person" (dieser Ansicht pflichtete auch der Vorsitzende der Innenministerkonferenz, Brandenburgs SPD-Innenminister Ziel, bei). Außerdem verlangte Gerster von Fernsehanstalten, keine Auftritte Schirinowskijs zuzulassen.

Das Treffen Schirinowskijs mit Frey („der Kuß der braunen Spinnen", so die Illustrierte „Bunte") habe den „Ruf nach Maßnahmen gegen internationale rechtsextreme Verbindungen laut werden lassen", hieß es in Medienmeldungen. Der Geschäftsführer der CDU/CSU-Bundestagsfraktion, Jürgen Rüttgers, forderte eine „Überwachung solcher Kontakte durch die Geheimdienste".

Statt nun ihr viel beschworenes liberales Wächteramt ernst- und wahrzunehmen und Protest dagegen zu erheben, daß etablierte Politiker rechtsstaatswidrig auszurasten drohten, spornten zahlreiche bundesdeutsche Meinungsmacher sogar zu noch härterer Gangart an. Schirinowskij gehöre „geächtet und ausgestoßen aus der Gemeinschaft der Menschen", schrieb Kommentator Dieter Breuers am 23. Dezember 1993 in der Kölnischen Rundschau. Und Klaus Kramer vom Hamburger Abendblatt ließ sich am selben Tage wie folgt ein: „Ein Land, das ohne Wimpernzucken vier Angehörige des Drogenbosses Escobar abweist, dem sollte es nicht gelingen, dem gefährlichsten russischen Antisemiten und Rechtsradikalen die Einreise zu verwehren? Man wird den Eindruck nicht los, daß im Falle des Wladimir Schirinowskij mit den deutschen Einreisegesetzen allzu freizügig umgegangen wurde."

Vor allem wurde es als ungeheure Freveltat Schirinowskijs dargestellt, daß er über einen Königsberg-Kompromiß sinniert. Der bereits zitierte Gerster bekundete, „die deutschen und russischen Rechtsextremisten" würden mit ihren „weltfremden Äußerungen über die Zukunft Ostpreußens mit einem sehr gefährlichen Feuer spielen, das leicht einen Flächenbrand auslösen" könne (zit. u.a. in der Rheinischen Post am 23. Dezember 1993). Im Kommentar der Stuttgarter Zeitung vom selben Datum hieß es: „Die Aussicht, daß Kaliningrad wieder deutsch werden könnte, ist für die meisten Deutschen eher ein Alptraum als eine Verlockung . . . Aber man täusche sich nicht – nicht nur Schirinowskij, auch andere Russen träumen von einer deutsch-russischen Achse, verständlicherweise zum Entsetzen der Polen."

Bei einer Pressekonferenz in Österreich hatte Schirinowskij am 23. Dezember 1993 drastisch vor einer Aggression ausländischer Mächte in Rußland gewarnt. Selbst im vollen Wortlaut der AP- und dpa-Agenturberichte über diese Pressekonferenz wurde der Zusammenhang einigermaßen deutlich, in dem sich Schirinowskij geäußert hatte: „Chemische und Atomwaffen könnten außer Kontrolle geraten, falls es zu einem von gewissen westlichen Kreisen provozierten Bürgerkrieg in seinem Land komme." Aus dieser Warnung Schirinowskijs vor fatalen Folgen westlicher Aggression machte die bundesdeutsche Medienindustrie folgende Grusel-Schlagzeilen: „Russen-Nazi droht mit Strahlenwaffe“ (Chemnitzer Morgenpost). „Schirinowskij droht mit angeblicher Superwaffe“ (Badisches Tagblatt) und „Hitler-Fan Schirinowskij: Jetzt will er sogar die ganze Welt vernichten“ (BZ, Berlin).

Gedankensplitter und Grundsatzkommentar

Nach der Visite des russischen Politikers veröffentlichte die Deutsche National-Zeitung in ihrer Ausgabe vom 24. Dezember 1993 folgende „Gedankensplitter zum Thema Schirinowskij“: „Mal vorausgesetzt, all das stimmt, was Dr. Frey in den langen Aussprachen mit Schirinowskij vom Chef der größten Partei Rußlands erfahren hat, daß er nämlich das Kriegsbeil zwischen Deutschen und Russen auf ewig begraben will, daß er die enge Kooperation der beiden größten Völker des Abendlandes wünscht, daß er Königsberg wieder in richtige Hände zu geben trachtet usw. – dann ist nicht nur das rechte Lager, dann ist das gesamte deutsche Volk dem DVU-Vorsitzenden zu Dank verpflichtet, daß er einen guten Kontakt zu Schirinowskij hergestellt hat. Nun andersherum: Nehmen wir an, das, was z.B. die Bild-Zeitung über Schirinowskij ‚berichtet‘ (ohne mit dem Mann gesprochen zu haben), würde ausnahmsweise einmal stimmen und der russische Politiker wäre tatsächlich ein gefährlicher Bursche – ist es dann nicht sogar noch wichtiger, zu diesem kommenden Mann des größten Staates der Erde einen Draht zu haben? Will man uns etwa den Wahnsinn empfehlen, alle Türen zuzuwerfen? Zweimal hatten wir ‚den Iwan‘ in diesem Jahrhundert gegen uns. Alle Register müssen gezogen werden, daß es nicht ein drittes Mal zwischen Deutschen und Russen ‚knallt‘.“

Und in der Deutschen Wochen-Zeitung hieß es zum selben Thema: „Mag er gerade in vollem Futter stehen oder abgemagert sein: Am russischen Bären kommt kein deutscher Politiker vorbei. Wenn nun Dr. Frey zur Wahrung deutscher Interessen vor geraumer Zeit Kontakt mit Schirinowskij, offenbar dem kommenden Mann Rußlands, aufgenommen hat, sollte man das respektieren und nicht als Teufelswerk verunglimpfen. Vielleicht kommt schon sehr bald der Zeitpunkt, an dem auch von Medien aufgehetzte deutsche Zeitgenossen erkennen, wie wichtig und richtig es war, einen guten Draht zum potentiellen russischen Machthaber von morgen herzustellen. Die negative Darstellung der Kontakte zwischen Dr. Frey und Schirinowskij in weiten Teilen der hiesigen veröffentlichten Meinung ist bemerkenswert. Dieselben Medien bejubeln, daß die Bonner Politik die Nähe von Jelzin sucht, der unermüdlich den weder nach außen noch nach innen rücksichtsvollen Peter den Großen als sein Vorbild nennt. Dieselben Meinungsmacher stellten das bruderkußartige Verhältnis zwischen Kanzler Brandt und dem brutalen Sowjetdiktator Breschnejw als der staatsmännischen Weisheit letzten und höchsten Schluß dar. Daß Kanzler Adenauer in der heißesten Phase des kalten Krieges zu Chruschtschow & Co. reiste, diplomatische Beziehungen aufnahm und sich mit den Kremlherren wie alte Kameraden der Öffentlichkeit präsentierte, vermerkten Geschichtsbücher als grandiose Leistung des alten Fuchses. Wird etwa der große deutsche Politiker jüdischer Herkunft, Walter Rathenau, verdammt, weil er als Außenminister der Regierung Dr. Joseph Wirth – einer Koalition aus SPD, CDU-Vorläufer Zentrum und der liberalen DDP – mit der Lenin-Regierung den Vertrag von Rapallo schloß? Allgemein, selbst beim wildesten Gegner des Eisernen Kanzlers, wird es als genial anerkannt, wie Bismarck Rußland in sein kunstvolles außenpolitisches System einfügte; Stichwort: Rückversicherungsvertrag. Leute wie Karl Marx hetzten in jener Zeit zu einem ‚gerechten Krieg' gegen das ‚böse zaristische Rußland'. Wie initial für die Freiheit ganz Europas war es, daß Yorck 1812/13 mit der Konvention von Tauroggen auf die russische Karte setzte, die zu spielen die großen preußischen Reformer wie Freiherr vom Stein dringend angeraten hatten! Was brachte denn Friedrich dem Großen und Preußen die Rettung vor Untergang und Vernichtung? Der Umschwung der russischen Politik, weil der neue Zar den Preußenherrscher verehrte! Ohne Beitritt Rußlands zur Heiligen Allianz der gegen die Türken verbündeten Monarchen (1688) hätte das stets zum Stoß ins Herz Europas bereite osmanische Riesenreich wohl nicht gebändigt werden können. Und so weiter. Wie man es auch dreht und wendet: Grauenhaft ging die Geschichte noch stets aus, wenn die beiden größten Völker des Abendlandes, Russen und Deutsche, in böser Konfrontation standen. Und segensreich war es immer, wenn deutsche Politiker rechtzeitig die Weichen für deutsch-russisches Einvernehmen stellten. Meist zunächst verflucht wie etwa der bereits erwähnte Freiherr vom Stein, der als Flüchtling am 19. Mai 1812 Berater des Zaren Alexander wurde. Es kann nicht deutsche Aufgabe sein, sich in die Gestaltung Rußlands im Inneren und dessen Beziehungen zu sonstigen Staaten einzumischen. Sind wir denn die Oberrichter der ganzen Welt? Das russische Volk ist durchaus mündig, selbst zu entscheiden, wen es bei Wahlen zur stärksten Partei macht und wem es letztlich die Vollmacht zur Führung gibt."

DVU-Entschließung und Schirinowskij-Telegramm

In seinen „10 Feststellungen zum Sieg von Wladimir Schirinowskij" unter der Überschrift „Lehren der Geschichte" betonte Frey (National-Zeitung, 24. 12. 1993): Wen die Russen wählen würden, sei allein ihre Sache; ebenfalls, welches System sie bevorzugen. Die Lehre aus zwei mörderischen Weltkriegen könne nur sein, zurückzukehren zur traditionellen Freundschaft. Dauerhafte Partnerschaft setze weder Parallelität noch Identität des jeweils in Deutschland oder Rußland herrschenden Systems voraus. Für die Deutschen sei vor allem belangreich, daß Schirinowskij eine Revision der Oder-Neiße-Linie auf dem Verhandlungswege als gerechte Lösung ansehe und Verhandlungen über Ostpreußen anbiete. Wenn der Vorsitzende der Liberal-Demokraten als Mischung von Hitler und Stalin, als „Russen-Hitler", der überdies auch noch Zionist sei, dargestellt werde, so solle offenbar „die uralte Leier des Antikommunismus, Antifaschismus und Antisemitismus gleichzeitig gespielt werden, um Haßgefühle gegen Rußland zu wecken".

In einer vom Bundesparteitag der Deutschen Volksunion in München einstimmig verabschiedeten Entschließung hieß es: „Eingedenk bitterer Lehren beider Nationen aus geschichtlichen Abschnitten des Gegeneinanders, in Würdigung der langen Zeiträume für beide Seiten und für ganz Europa segensreicher Freundschaft der größten Völker des Abendlandes, Russen und Deutsche, hat der Bundesparteitag der Deutschen Volksunion am 18. Dezember des Jahres 1993 folgende Entschließung gefaßt:

– Zwischen Deutschen und Russen soll es nie wieder Feindschaft, nie wieder Krieg geben. Die beiden stärksten Nationen des Abendlandes sind zur Freundschaft und Zusammenarbeit bestimmt. Die inneren Angelegenheiten zu gestalten, ist ausschließlich das Recht eines jeden Volkes. Im Verhältnis zwischen Deutschland und Rußland muß dieses Prinzip selbstverständlich gelten.

– Die Deutsche Volksunion bestärkt ihren Vorsitzenden Dr. Gerhard Frey, die persönliche Freundschaft mit Wladimir Schirinowskij zu festigen und im Sinne der friedlichen Entwicklung der deutsch-russischen Beziehungen weiterzuwirken.

– Die DVU ist entrüstet über eine antirussische Hetze, die sich gegen die freie Wahlentscheidung des russischen Volkes richtet, und appelliert an die große Nation des Ostens, sich durch gewissenlose Scharfmacher nicht über die Sehnsucht der gewaltigen Mehrheit des deutschen Volkes nach inniger

Erste Kontakte: Frey jr. mit Schirinowskij in Moskau (Bild ganz oben). Rechts daneben ein Schnappschuß vom Zusammentreffen Schirinowskijs mit Dr. Frey auf dem Münchner Flughafen im Dezember 1993. Das Bild darunter zeigt den DVU-Vorsitzenden mit dem Chef der russischen Liberal-Demokraten an der Spitze einer Demonstration in Moskau. Rechts: Frey und Schirinowskij auf dem Weg zur Ehrung der russischen und deutschen Helden des Befreiungskrieges gegen Napoleon am entsprechenden Denkmal der russischen Hauptstadt.

deutsch-russischer Freundschaft hinwegtäuschen zu lassen. Es lebe das russische Volk. Es lebe Deutschland."

In Schirinowskijs Grußtelegramm an den DVU-Bundesparteitag hatte es geheißen: „Nach unserem großen Wahlerfolg am 12. Dezember bekräftigen wir russischen Liberal-Demokraten unser Angebot an Deutschland: Unsere beiden Völker haben aus den Schrecken zweier Weltkriege gelernt und wollen und werden in untrennbarer Freundschaft auf der Grundlage der Gleichberechtigung vereint den Frieden und die Freiheit für alle Zeit bewahren. Wir Liberal-Demokraten treten für eine Lösung des ostpreußischen Problems im deutschen Sinne ein und unterstützen das deutsche Volk, auf dem Verhandlungswege das bei der Vertreibung geschehene Unrecht zu revidieren. Zugleich vertrauen wir auf ein Zusammenwirken unserer Völker in allen Bereichen. Wenn Deutsche und Russen zusammenstehen, wird das goldene Zeitalter für Eurasien anbrechen."

„Euro-Network der Rechtsradikalen"

Solche Töne verbitterten große Teile des bundesdeutschen Polit-Establishments. Gekränkte Eitelkeit, daß da einiges an ihrem Kontrollbereich vorbeilaufe, paarte sich mit der Furcht, das russische Modell (Rechte als stärkste Kraft) könne in Deutschland Schule machen und zum Verlust des Stammplatzes am Futtertrog führen. Außerdem war man bestrebt, in vorauseilendem Gehorsam Whitehouse und Wallstreet unverbrüchliche Vasallentreue zu geloben.

Am Heiligen Abend 1993 bescherte die Presse dem bundesdeutschen Publikum die Nachricht, daß der frühere SPD-Vorsitzende Vogel die Behörden der Bundesrepublik aufgefordert habe, „die Deutsche Volksunion (DVU) genauer zu beobachten". Der Besuch Schirinowskijs beim DVU-Vorsitzenden Frey habe offenbart, daß dies ein Fall sei, „wo man sich um die täglichen Aktivitäten im Rahmen der geltenden Gesetze kümmern muß". Als sich Vogel wenige Jahre zuvor bei zahlreichen Gelegenheiten in trauter Eintracht auch mit den blutrünstigsten kommunistischen Diktatoren des Ostens gezeigt hatte, waren allerdings bundesdeutsche Innenbehörden nicht damit beauftragt worden, die SPD „genauer zu beobachten".

Am zweiten Weihnachtsfeiertag schlagzeilte die „Welt am Sonntag": „CDU/CSU und SPD warnen nach dem Besuch von Schirinowskij in Deutschland vor einem ‚rechtsradikalen Network' – ‚Rechtsextremistische Internationale bekämpfen'". Demzufolge hatte CSU-Generalsekretär Erwin Huber wegen

Schirinowskijs Besuch bei Frey gefordert, „die rechtsextremistische Internationale“ müsse „weltweit bekämpft“ werden. Zugleich müsse dafür gesorgt werden, „daß der Rechtsextremismus nicht zu einer grenzüberschreitenden Gefahr“ werde, weil ansonsten die politische Stabilität Europas in Gefahr sei. Peter Hintze, Generalsekretär der CDU, hatte dazu aufgerufen, „die Installation eines rechtsradikalen Networks in Europa zu verhindern“. Ein solches Geflecht könne „von den Neofaschisten in Italien über Ewiggestrige in Deutschland bis hin zu den neuen radikalen Kräften in Rußland“ reichen. Vor Polit-„Networks“ ganz anderer Art warnte Herr Hintze allerdings nicht: Immerhin stand mit Giulio Andreotti ein Politiker unter dringendem Mafia-Verdacht, der nicht nur siebenmal christdemokratischer Ministerpräsident in Rom war, den nicht nur eine Duzfreundschaft mit Kanzler Helmut Kohl verband, sondern der auch über viele Jahre als Chef der Vereinigung der christdemokratischen Parteien Europas fungiert hatte . . .

Übrigens erfüllte auch Generalsekretär Hintze in diesem Zusammenhang die grundgesetzliche Norm, daß eine Zensur nicht stattfinden dürfe, mit ungewöhnlichem Geist: „Unsere Fernsehanstalten müssen die Grenzen des Anstands wieder stärker achten. Auf keinen Fall sollten Extremisten im Fernsehen eine Show-Bühne bekommen.“ Auch SPD-Voigt meldete sich abermals zu Wort. Er verlangte ein künftiges Einreiseverbot für Schirinowskij und kündigte „ein parlamentarisches Nachspiel dieses Skandals“, nämlich der Erteilung eines Visums für den Vorsitzenden der russischen Liberal-Demokraten, an.

Das „Einreiseverbot“

Nachdem die „Bild“-Zeitung am 29. Dezember mit der titelseitigen Schlagzeile „Russen-Hitler will wieder nach Deutschland“ Alarm geschlagen hatte, ließ die Bundesregierung verlautbaren, Schirinowskij sei hierzulande unerwünschte Person und man wolle ihm die erneute Einreise verwehren. Was der Pressesprecher der Liberal-Demokraten in Moskau mit der Anmerkung kommentierte, man sei davon überzeugt, daß das deutsche Volk anders denke als die Regierung. Im übrigen lasse die Bonner Entscheidung „das Interesse an unserem Vorsitzenden nur wachsen“.

Bundesdeutsche Meinungsmacher zeigten sich enthusiasmiert über die angeblich „mutige“ Entscheidung Bonns. Ein Dieter Wonka schrieb in seinem u. a. von der Leipziger Volkszeitung am 30. Dezember 1993 veröffentlichten Kommentar: „Selbstbewußt ließ die Bundesregierung gestern durch ihren

Radikalen-Chef Frey bei Russen-Hitler

exp **Moskau** – Gerhard Frey, millionenschwerer Verleger (»Deutsche National-Zeitung«) und Chef der rechtsradikalen »Deutschen Volks-Union« (DVU), zu Gast bei „Russen-Hitler" Schirinowski. Am Rande des Parteitags der rechtsextremen »Liberal-Demokratischen Partei« (LDP) in Moskau trafen sich die beiden Radikalen-Führer.

Frey und Schirinowski, die seit langem in engem Kontakt stehen, begrüßten sich wie alte Freunde, plauderten, rissen Witze.

Frey war als Ehrengast zum Parteitag gereist, auf dem sich LDP-Chef Wladimir Schirinowski von den Delegierten zum Präsidentschaftskandidaten küren ließ – einstimmig.

Bis zum Jahr 2004 soll der trinkfeste Nationalist Parteiführer bleiben, ausgestattet mit Sondervollmachten, die ihm unumschränkte Macht über die Radikalen-Partei einräumen. Im russischen Parlament ist Schirinowskis Partei die zweitstärkste Kraft, hinter dem Reformbündnis »Rußlands Wahl«.

Rechtsradikale unter sich: DVU-Chef Frey und Extremisten-Führer Schirinowski.

Braune Brüder: Küsse und Polit-Wahnsinn

Moskau – Völkerfreundschaft auf Faschistisch: Der russische Hitler-Fan und National-Liberalen-Chef Wladimir Schirinowski sowie sein deutscher Gast Gerhard Frey, Chef der rechtsextremen Deutschen Volksunion, probten in Moskau den Schulterschluß.

Das planen die braunen Herren: Russisch wird bei uns zweite Fremdsprache; deutsche und russische Ingenieure bauen eine Autobahn von Berlin über Königsberg, Moskau bis Wladiwostok (unter Einsatz „ausländischer Arbeiter"); deutsche Dieselmotoren und russische Panzer-Gehäuse (jeweils „die besten der Welt") werden zu Kampfpanzern zusammengeschraubt. Nur Planung... weil die beiden Größenwahnsinnigen zum Glück weder in Moskau noch in Bonn etwas zu sagen haben.

Verleger Frey, der mit brauner Propaganda sein Geld verdient, über Schirinowski: **„Ein großer Freund der Deutschen."** Dessen Gegenkompliment (auf Deutsch): **„Russen und Deutsche sind die Freunde für immer."** Frey drohte Bonn: „Wenn dem künftigen Präsidenten Rußlands" nochmals ein Visum verweigert werde, dann „bemühen wir die Gerichte". Schirinowski drohte kritischen Journalisten: „Ich bin Jurist, wir kriegen euch alle – auch im Ausland."

Und wieder Kriegs-Geschrei: **Wenn sich der Westen „weiter über Rußland lustig macht, dann kommt der 3. Weltkrieg, den ich nicht will, dann werfen wir wieder Bomben",** drohte Schirinowski. Über die GUS-Republiken: „Jelzin ist ein gütiger Mensch, hat ihnen Trillionen Rubel gezahlt. Ich bin nicht gütig, sondern hart und fordere die Gelder zurück. **Wenn sie nicht zahlen können, müssen sie Territorien abgeben, haben sie nichts, werden die unabhängigen Staaten liquidiert."** Und: „Überall, wo Russen leben, sollen russische Republiken entstehen." Dasselbe Recht räumt er den Deutschen ein. Allerdings nicht in Rußland: Den Wolgadeutschen will er nur „kulturelle Autonomie" gewähren.

***

Die gute Nachricht aus Moskau: Die Staatsanwaltschaft hat gestern gegen Schirinowski ein Ermittlungsverfahren wegen „Kriegshetze" eröffnet.

Braune Brüder: Wladimir Schirinowski (l.) küßt Gerhard Frey

Russen-Hitler und DVU-Frey – ein braunes Herz und eine braune Seele

„Alter Halunke! So trifft man sich wieder!"

Nichts hat den Adrenalinspiegel der Meinungsmacher der Bundesrepublik so in die Höhe getrieben wie die Kontakte Dr. Freys zu Schirinowskij. Von Anfang an überbot man sich in Horrorschlagzeilen. Ein Karikaturist der etablierten Meinungsindustrie ließ sogar Stalin im Schädel des „Russen-Hitler" (!) nisten, während aus Freys Haupt wie ein Springteufel der NS-Führer hüpft.

Sprecher Vogel mitteilen, Deutschland sei nicht an Auftritten des russischen Wahlsiegers Schirinowskij interessiert. Wer bei Verstand ist, teilt sicher diese Absage.“ Womit – bemerkenswertes Zeichen für Toleranz und Liberalität – alle Andersdenkenden zu Verrückten erklärt wurden. Es sei klar, so Wonka weiter, daß man bisweilen auch „mit Halunken und Brandstiftern verkehren“ müsse. Moralisch sei dies eine Schande, realpolitisch aber wohl unerläßlich. „Bei Schirinowskij, Halunke und Brandstifter, hörte Bonns Toleranz auf.“ „Ein Gespenst geht um in Europa, und es heißt Wladimir Schirinowskij“, hieß es in der Kölnischen Rundschau vom 30. Dezember 1993. Und ein Heinz-Peter Finke blies sich in einem Kommentar für die „Moosburger Zeitung“ zum Oberrichter über die Innenpolitik des größten Staates der Erde auf: Vielleicht bringe die verweigerte Einreise nach Deutschland auch manchen Russen zum Nachdenken, der bisher noch mit den Ideen des „politischen Rechtsauslegers“ geliebäugelt habe. „Internationale Isolierung könnte ja vielleicht auch zu einer innenpolitischen Absetzbewegung führen. Dann hätte sich die rote Karte für Schirinowskij erst recht gelohnt.“ Auch die Süddeutsche Zeitung, normalerweise rührend besorgt um das Los auch des letzten kriminellen Ausländers, dem die Abschiebung droht, geriet in Verzückung darüber, daß der Führer der stärksten Partei Rußlands ausgesperrt werde, denn: „Es fehlte noch, daß Schirinowskij und Frey von Berlin oder München aus die Karte Europas neu zeichneten.“ Die Bundesregierung halte nicht nur einen ungebetenen Gast fern, sie schicke auch ein Signal aus: „Schirinowskijs Anhänger sollten sich darüber im klaren sein, daß Rußland den Weg in eine bessere Zukunft nur an der Seite der gesitteten Gesellschaften finden kann.“ Gäbe es einen Wettbewerb für journalistische Arroganz – kein Zweifel, wem die Siegespalme gebührte . . .

Linker Schrei nach Repression

Bleibt noch das angeblich alternative Linksblatt „die tageszeitung“, das in den entscheidenden Fragen alles nachbetet, was das Establishment vorgibt – nur radikaler. Die „taz“ verabschiedete das Jahr am 31. Dezember 1993 mit einem Artikel, der alles verriet, was der deutschen Linken früher einmal heilig war: Das Bekenntnis zur Arbeiterschaft und zu den sozial Deklassierten wie auch die Ablehnung von Obrigkeitsstaat und antirussischer Hetze. Im Zusammenhang mit den Kontakten zwischen Dr. Frey und Schirinowskij schrieb das Blatt, was Sorgen mache, seien „die Kids aus den lower classes“; diese würden „vor allem die Brandstifter, Neonazis, Jungarbeitslosen stellen“. „Was geschieht, wenn eine Neo-SA diese Kräfte sammelt? Und wenn sie sich mit der desorientierten Jugend Rußlands verbünden? Wer will ihnen noch entgegentreten?“ Die „innige Eintracht Schirinowskijs mit dem widerwärtigen Herrn Frey“ lasse einen Ratschlag von Theodor W. Adorno aktuell erscheinen: „Er hatte die National-Zeitung zu verbieten geraten, weil der autoritäre Charakter nichts außer der geballten Staatsmacht respektiere.“ Diskussionen seien da nur „Gequatsche von Schwächlingen“.

„Hundertmal gefährlicher als Hitler“

Den Startschuß zur Fortsetzung der Kampagne im Jahre 1994 gab der „Spiegel“ gleich in seiner ersten Ausgabe vom 3. Januar. Das Augstein-Blatt ließ den Chef der Liberal-Demokraten nun nicht mehr nur als „Russen-Hitler“, sondern gleich als Super-Hitler erscheinen, „hundertmal gefährlicher als das deutsche Original“. Überhaupt habe „der Faschismus“ 1993 das seit langem erfolgreichste Jahr erlebt. „Die alten Dämonen tanzen auf den Gräbern“, zitierte das Nachrichtenmagazin den Historiker Michael Stürmer; jenen Mann, der nicht lange vor dem Fall der Mauer die Wiedervereinigung mit der DDR für unmöglich und überhaupt den Gedanken an die Einheit als „Skandalon“ bezeichnet hatte. Der „Rückfall in Nationalismus“, so der „Spiegel“ weiter, habe auch den Krieg als Fortsetzung der Politik mit anderen Mitteln wieder möglich gemacht. Daß an den mehr als 200 Kriegen seit 1945 stets eine der internationalistisch orientierten Siegermächte des Waffengangs von 1939–1945 entscheidend beteiligt war, wurde vornehm verschwiegen. Die Krönung der „offenen Faschisten-Renaissance“ in ganz Europa sei der „schockierende Wahlerfolg des so jäh aus der Obskurität aufgetauchten Schirinowskij“ gewesen, dieses „Senkrechtstarters aus dem Geheimdienstmilieu“ mit „monströser Logik“, hieß es im „Spiegel“. Doch das stehe eben für die Mentalität eines großen Teils der Russen. Und selbst „der heimkehrwillige Leidensdichter Alexander Solschenizyn ist mit seiner russischen Mystik nicht allzuweit vom Ideengut des neuen Heilbringers Schirinowskij entfernt“. „So könnte es noch dazu kommen“, gruselte das Augstein-Blatt sich selbst und die Öffentlichkeit, „daß aus dem auf jene Grenzen zurückgeworfenen Rußland, die Peter der Große vor 300 Jahren vorfand, bald eine neue Losung in die Welt hinausdröhnt – nur leicht abgewandelt von der weltrevolutionären Parole Lenins und Stalins: ‚Faschisten aller Länder, vereinigt euch!‘.“
Parallel zur Gruselgeschichte des „Spiegel“ warteten bundesdeutsche Tageszeitungen am ersten Montag des Jahres 1994 mit Schlagzeilen auf wie:

„Schirinowskij droht der Bundesrepublik“, „Nationalistenchef Schirinowskij droht Deutschland“ oder gar „Schirinowskij droht Deutschland mit neuem Weltkrieg“. Man berief sich auf ein angebliches „Tonbandprotokoll“ als Quelle (später hieß es, Grundlage für die Berichte seien „Informationen eines westlichen Geheimdienstes“). Natürlich gab es nie auch nur den Hauch eines Echtheitsbeweises für das „Tonbandprotokoll“ bzw. den „Geheimdienstbericht“. Den Meldungen des 3. Januar zufolge soll Schirinowskij nach Verweigerung seines Visumsbegehrens in der Bonner Botschaft Bulgariens wie ein Irrer getobt und als Konsequenz Deutschland die Vernichtung in einem Dritten Weltkrieg angedroht haben. Dem deutschen Diplomaten, der ihn abschlägig beschied, habe er mit baldiger „Liquidierung“ gedroht.

Daß diese (von Schirinowskij heftig dementierte) Geschichte an den Haaren herbeigezogen war, wird auch dadurch klar, daß Bundesaußenminister Kinkel am Tage nach der Verbreitung der Horrormeldungen verkündete, er sei „unter bestimmten Bedingungen durchaus zum Gespräch mit Schirinowskij bereit“. Daß sich hier ein Umschwung in der offiziellen Bonner Politik andeuten könnte, wirkte auf die Meinungsindustrie in der Bundesrepublik wie ein Schock. Man richtete heftige Angriffe gegen Kinkel: Schirinowskij könne sich die Hände reiben. Leichtfertigkeit, so wurde dunkel in Richtung Bonner Auswärtiges Amt gedroht, könne auch in der Politik tödlich sein.

Für Tirols Wiedervereinigung

In ihrer Ausgabe des 6. Januar 1994 brachte das Blatt „WirtschaftsWoche“ eine Information, die für die Meinungsindustrie wie eine furchterregende Enthüllung wirkte. Erwärme sich Schirinowskij doch nicht nur – horribile dictu – für eine Revision der Oder-Neiße-Linie, sondern auch noch für eine Wiedervereinigung Tirols. „WirtschaftsWoche“ zitierte Schirinowskij-Berater Svetoslav Stoilov mit den Worten: „Ein runder Tisch sollte beschließen, die durch Polen besetzten Gebiete an Deutschland zu retournieren ... Südtirol muß schleunigst an Österreich zurückgegeben werden.“

Zur Verweigerung des Einreisevisums an Schirinowskij nahm die National-Zeitung am 7. Januar 1994 wie folgt Stellung: „Welch ein gefährlicher Wahnsinn, dem Vorsitzenden der stärksten russischen Partei, der unter Offizieren und Soldaten Rußlands die größte Anhängerschaft hat (sie wählen ihn zu 70, 80, vielerorts sogar über 90 Prozent), die Einreise in die Bundesrepublik zu verwehren. Haben die dafür Verantwortlichen eigentlich überlegt, was sie damit anrichten? Will man den Geduldsfaden jenes Mannes mit aller Gewalt zerreißen, der alle Aussichten hat, Rußlands nächster Präsident mit gewaltigen Machtbefugnissen zu werden? Will man die Bundesrepublik Deutschland zur schirinowskijfreien Zone erklären, auch wenn dieser Mann als Herrscher über das größte Land der Erde schon längst mit anderen Mächtigen der Welt über das weitere Schicksal der Menschheit verhandelt und damit Deutschland an den Katzentisch der internationalen Politik setzen? . . . Wer ist so verrückt, sich nach ‚dem Iwan' zurückzusehnen, der Deutschland zermalmen will? Waren die diversen heißen und kalten Kriege zwischen Deutschen und Russen so angenehm, daß man jetzt diesen Mann bis zur Weißglut reizen will?"

Gleichzeitig begann die Deutsche National-Zeitung mit der Veröffentlichung einer Serie „Im Geiste von Tauroggen – Geschichte und Zukunft deutsch-russischer Beziehungen". Im Vorspann hieß es: „Wer behauptet, Russen und Deutsche, die größten Völker des Abendlandes, seien zur Feindschaft verdammt, verbreitet geschichtsblinden Unfug. Die Lehre des vergangenen Jahrtausends lautet: Immer ging es für beide Nationen übel aus, wenn sie gegeneinander standen, und stets war es segensreich, wenn sie zusammenarbeiteten – von der Abschüttelung asiatischer Eroberer über die Bezwingung des Osmanenimperiums, die Zähmung des schwedischen Reiches, die Rettung Preußens im Siebenjährigen Krieg, Tauroggen und die Befreiungskriege gegen Napoleon, Bismarcks genialer Ausgleichspolitik bis hin zum Vertrag von Rapallo 1922, der Berlin und Moskau Luft verschaffte zwischen Hals und dem von den Weltkriegssiegern angelegten Galgenstrick."

Die Hundekampf-Story

In derselben Ausgabe der National-Zeitung erschien ein weiteres ausführliches Interview mit Schirinowskij. Darin wies der russische Politiker den Vorwurf einer ideologischen Nähe zum Nationalsozialismus oder Faschismus zurück und widersprach erneut allen Pressemeldungen, die ihm deutschfeindliche Gesinnung oder auch antideutsche Sprüche unterschoben. Er warnte vor einer gefährlichen Vergiftung der deutsch-russischen Beziehungen, nannte Bismarck als sein außen- wie sozialpolitisches Vorbild und warnte die Meinungsmacher der Bundesrepublik vor dem Irrglauben, sie könnten durch ihre Geschichten Einfluß auf den russischen Wähler nehmen und die russischen Massen gegen ihn, Schirinowskij, aufwiegeln. Die Russen würden sich nicht gegen ihn aufstacheln lassen, wohl aber sei es möglich, daß durch bundesdeut-

Führende Presseerzeugnisse der sogenannten westlichen Wertegemeinschaft ließen kein antirussisches Klischee aus, um Stimmung gegen den Vorsitzenden der stärksten politischen Kraft des größten Staates der Erde zu machen. Manches erinnert an primitivste Russendarstellung im Zweiten Weltkrieg oder auf dem Höhepunkt des kalten Krieges.

sche antirussische Hetze ein Klima wie 1914 oder 1941 entstehe, was kein verantwortungsbewußter Mensch wünschen könne. Schirinowskij nutzte die Gelegenheit, auch Meldungen entgegenzutreten, er sei „Fan von Hundekämpfen“: „Ich bin ein wirklich totaler Gegner jeder Form des Tierkampfes.“ Kurz zuvor waren schauderhafte Bilder eines Hundekampfes in Moskau über die bundesdeutschen Fernsehmattscheiben geflimmert. Behauptet wurde, diese Kämpfe seien eine Art russischer Nationalsport und Schirinowskij, der plötzlich im Bild erschien, ein Anhänger. Schon der angewiderte Gesichtsausdruck des russischen Politikers sprach allerdings gegen diese Behauptung. Die Deutsche National-Zeitung brachte „zur Aufklärung leichtgläubiger Zeitgenossen“ die wahren Zusammenhänge:

Im Herbst 1992 hatte ein deutsches Fernsehteam Schirinowskij zu einem Interview in eine Moskauer Vorstadt eingeladen. Man führte ihn zu einem Hundekampf und fragte ihn nach seiner Meinung. Wie mehrere Augenzeugen des Geschehens, darunter die Moskau-Korrespondentin der National-Zeitung, Tamara Valentin, bestätigen, äußerte Schirinowskij, daß er solche Hundekämpfe als unnatürlich ablehne. Und er fügte hinzu, daß Leute, die so etwas veranstalten, gefälligst selbst miteinander kämpfen sollten. Dieses Interview wurde vom Fernsehen nicht ausgestrahlt; wohl aber brachte man die Szene, wie Schirinowskij – angeekelt – dem Hundekampf zusieht, garniert mit tatsachenverdrehendem Kommentar. Die National-Zeitung fuhr in ihrer Richtigstellung des 7. Januar 1994 fort: „Auch wird uns versichert, daß die Behauptung, solche Hundekämpfe seien in Rußland weit verbreitet und eine ‚Volksbelustigung‘ der Massen, infam sei. Es handele sich um Exzesse, die man offenbar ausnutzen wolle, um nicht nur Schirinowskij, sondern das gesamte russische Volk zu diffamieren.“

Bliebe noch der Hinweis auf ein altes Sprichwort nachzutragen: Daß man aus dem Glashaus nicht mit Steinen werfen solle. Der Deutsche Tierschutzbund klagt seit vielen Jahren – weitgehend erfolglos – Tierquälereien in der Bundesrepublik an; zum Beispiel Tierversuche, die sogar jenes Quantum überschreiten, das als für die Forschung unbedingt erforderlich bezeichnet wird, oder Massentierhaltung und -transporte in ihrer grausamsten Abart, oder das fürchterliche rituelle Ausblutenlassen von Schlachttieren. Vogelschützer mühen sich vergebens, in Bonn mit der Bitte durchzudringen, daß die Bundesregierung Druck auf Belgien und Italien ausübe, damit den dortigen brutalen Fallenstellern das Handwerk gelegt wird. Sie töten Millionen Zug- und Singvögel, die zur Sommerzeit nach Deutschland kommen, und verspeisen sie als „Leckerbissen“. Im EU-Partnerland Spanien gibt es bekanntlich gewaltige Stierkampfarenen.

„Jedes Risiko für Polen eingehen“

Eine gleichermaßen antideutsche wie antirussische veröffentlichte Meinung in Polen sieht nicht nur die Kontakte zwischen Schirinowskij und nationalen Kräften in Deutschland mit Unbehagen. Auch jede offizielle Verständigung zwischen Deutschland und Rußland wird beargwöhnt und von bösen Kommentaren begleitet. So schrieb – ein typisches Beispiel – die polnische Tageszeitung Sztandar Mlodych zum Moskau-Besuch von Bundesaußenminister Klaus Kinkel im Dezember 1993: „Im Unterbewußtsein vieler russischer Politiker steckt die Tendenz zur Rückkehr auf den alten Weg eines russisch-deutschen Bündnisses im Namen der Kontrolle über den ganzen Kontinent. Die Deutschen könnten in eine solche Allianz ihre Wirtschaftskraft einbringen, Rußland die Atombombe und die unermeßlichen Naturschätze.“ Wenn in Deutschland das „Schirinowskij-Phänomen“ Anklang fände, „könnte eine solche Konzeption zum Thema des Tages werden“.
„Spiegel“-Augstein, so nationalnormal er sich auch zu Maastricht und EU äußerte, trieb in Sachen „Schirinowskij und Polen“ die Dinge auf die nationalmasochistische Spitze. In seinem Kommentar mit der Schlagzeile „Bedrohtes Polen“ („Spiegel“, 10. Januar 1994) sah er es als alles in den Schatten stellende Gefahr an, daß Polen seine jetzige Westgrenze zu den Deutschen nicht mehr als gesichert annehmen könne, „wenn die früheren Sowjetmenschen buchstäblich verrückt spielen, wie etwa der Überraschungssieger Wladimir Wolfowitsch Schirinowskij oder Boris Jelzin, der so krank ist, wie er sich benimmt“. Nun komme es unbedingt darauf an, daß die Deutschen Polen Beistand leisteten, notfalls im Kriege: „Wir können allein nicht Krieg führen, können Polen allein nicht schützen. Aber es sollte ganz ausgeschlossen sein, daß die Nato und insbesondere die USA einer Verstümmelung Polens zusehen. Im Gegenteil, wir müssen dem Land den Rücken stärken.“ Augsteins Darlegungen gipfelten in den Worten: „Es muß nahezu jedes Risiko eingegangen werden, die Polen in ihren jetzigen Grenzen sicher zu erhalten. Bedingungen dürfen wir daran nicht knüpfen, hier liegt die Priorität Nummer eins.“

Tiger-Minis und der Verfassungsschutz

Als Beispiel für angeblich besonders abscheuliches Gedankengut brachte die „Bild“-Zeitung am 7. Januar 1994 folgenden Hinweis: „Gestern in Moskau redete Schirinowskij wieder wirr, z. B.: ‚Soll sich Deutschland doch Preußen nehmen! Wir werden nichts unternehmen, um den Polen zu helfen.'“ Auch das sei, so das Springer-Blatt, ein Beweis, daß es sich bei dem Führer der Liberal-Demokraten um den „gefährlichsten Mann der Welt“ (Schlagzeile) handele. Außerdem machte die „Bild“-Zeitung mit dem „wilden Leben des Russen-Hitler“ bekannt: „Bei seiner Euro-Tour im Dezember kam er mit drei dunkelhaarigen ‚Beraterinnen‘ (rote Lippen, Tiger-Minis, enge Dekolletés) . . . Nach stundenlangen Wodka-Orgien schwamm er noch 20 Bahnen im Pool, ging in die Sauna . . . Beim Einkaufsbummel in Graz verlor er jedes Maß, kaufte: 20 weiße, 20 blaue und 20 gestreifte Hemden, 12 Sakkos (kleine Karos), 6 Hosen, 4 Rollkragenpullover, 2 Trenchcoats, 2 Wintermäntel.“ Woher Schirinowskij „das viele Geld“ habe? „Bild“ deutete es dunkel an: „Aus dem Milliarden-Vermögen der SED.“ Außerdem: „Der Russen-Hitler soll schon zehn Tarnfirmen in Deutschland, Schweiz usw. gegründet haben.“ Irgendein Indiz, ein Beweis? Fehlanzeige.

Zwei Tage später berichtete die Nachrichtenagentur Associated Press über einen erneuten antirussischen Nadelstich aus deutscher Richtung: „Nach dem Wahlerfolg des russischen Rechtsradikalen Schirinowskij überprüft der sächsische Verfassungsschutz nun die in diesem Bundesland stationierten russischen Truppen. Es werde untersucht, ob die Soldaten Kontakte zu sächsischen Neonazis hätten und dort Werbung für die Ideen Schirinowskijs betrieben, sagte die Präsidentin des Landesamtes für Verfassungsschutz, Mathilde Koller. Nach offiziellen Angaben hatten 24 Prozent der Angehörigen der Westgruppe der früheren Roten Armee in Deutschland bei den russischen Parlamentswahlen für Schirinowskij gestimmt.“ Diese Meldung veranlaßte die Deutsche Wochen-Zeitung zu dem Kommentar: „Der ‚Verfassungsschutz‘ in Sachsen setzt der systematischen Vergiftung der deutsch-russischen Beziehungen die Krone auf . . . Die Folgen derartiger ‚Verfassungsschutz‘-Schnüffeleien können sehr schwerwiegend sein. Denn Rußland kann ein langes Gedächtnis haben.“

Die Sache mit Jerusalem

Immer neuen Exzessen strebte indes die Anti-Schirinowskij-Kampagne der „Bild“-Zeitung entgegen. Über die Chefs der russischen Liberal-Demokraten und der Deutschen Volksunion notierte das Blatt: „Beides Horror-Brüder mit ultrarechtem Geist. Zwei Irre faseln von Nation, aber meinen Rußland den Russen, Deutschland den Deutschen. Juden nach Jerusalem. Der Horror!“

Daß Schirinowskij oder Frey jemals „Juden nach Jerusalem“ gefordert hätten, ist nicht überliefert. Wohl aber, daß diese Parole zu den Kernforderungen des von Theodor Herzl begründeten Zionismus und damit zur israelischen Staatsräson gehört. Wenn aber ein „Bild“-Mitarbeiter den zentralen Punkt des israelischen Selbstverständnisses als „Horror“ bezeichnet, verstößt er gegen das unbedingte Treue-Gelöbnis zum nahöstlichen jüdischen Staat, das jeder Springer-Journalist abzulegen hat, und müßte eigentlich gefeuert werden . . .

Die „Sexsklavin“ und die Peitsche

Mit ihrer Ausgabe vom 10. Januar 1994 begann die „Bild“-Zeitung die mit Abstand widerlichste Verleumdungsserie gegen Schirinowskij. Unter der Schlagzeile „Welt-Exklusiv – Russen-Hitler – Ich war seine Sex-Sklavin“ brachte das Blatt fortsetzungsweise die „Enthüllungen“ eines leichten Mädchens, das von Schirinowskij bei seinem Wien-Besuch im vorangegangenen Dezember „gequält, geschlagen, erniedrigt“ worden sei. Und das alles, wie könnte es anders sein, sei genau am Heiligen Abend geschehen. Der Russe „mit den glasigen Augen und der roten Schlachterhaut“ sei nicht nur der gefährlichste Mann der Welt, der schon wieder mit Atomkrieg drohe, fabulierte „Bild“. Nun offenbare sich auch „die perverse Seite des Macht-Lüstlings und Hetzers“. Denn das Liebesmädchen Nadja packe aus. Und das las sich unter der Schlagzeile „Russen-Hitler & Sex-Sklavin: Das Geheimnis der Distel im schwarzen Koffer“ auszugsweise wie folgt:
„Plötzlich spürte ich einen brennenden Schmerz an meinen Schenkeln. Ich riß die Augen auf. Aus seinem Aktenkoffer hatte Schirinowskij heimlich eine peitschenartige Distel hervorgeholt. Damit schlug er mich auf die Füße, Beine, die Scham.“ Als sie ihn angefleht habe, sei dem Russenhitler zunächst entfahren: „Das ist die Strafe, weil du rauchst. Rauchen ist ungesund. Dies ist die gerechte Strafe.“ Und „nachdem er mir wieder eins mit der stacheligen Distel übergezogen hatte“, habe die Schlachterhaut die Züchtigung schreiend noch wie folgt begründet: „Ich mag deine Augen nicht! Du bist blond, doch deine Augen sind braun. Du mußt blaue Augen haben. Ich will in ganz Rußland Menschen mit blonden Haaren und blauen Augen.“ Die „Sex-Sklavin“: „Dann gab er mir noch eine mit der Distel.“ Danach habe sie „das Abartigste, was ich je erlebt habe“, erleiden müssen. Denn: „Er wollte alle Stellungen, von vorn, von hinten, auch Analverkehr. Er kniff, zog mich an den Haaren, quetschte mir die Brüste. Nach einer halben Stunde hatte er endlich einen Orgasmus. Er grunzte, drückte mir mit beiden Händen die Kehle zu.“

Foto: Sipa

Russen-Hitler: Sein wildes Leben

Freitag, 7. Januar 1994 Nr. 5/1 C 8757 A ★★★★ 80 Pf

Bild

Ein Mann liegt in der Sauna, schwitzt – und lacht! Seit Wochen hält „Russen-Hitler" **Wladimir Schirinowski** (47) die Welt in Atem. Er droht mit der „Wunderwaffe **Elipton**" („schlimmer als Atom"). Er droht mit dem 3. Weltkrieg. Gestern in Moskau redete Schirinowski wieder wirr, z. B.: „Soll sich Deutschland doch Preußen nehmen! Wir werden nichts unternehmen, um den Polen zu helfen ..." **Ist er der „gefährlichste Mann der Welt" oder eine wirre Witzfigur? Seite 2**

Dienstag, 11. Januar 1994 Nr. 8/2 C 8757 A ★★★★ 80 Pf

Bild

UNABHÄNGIG · ÜBERPARTEILICH

MÜNCHEN

☎ Leser-Telefon 089/2381 - 211 ☎

Sex-Sklavin: Russen-Hitler peitschte und würgte mich

Ängstlicher Blick, schwarzer Spitzen-Tanga: So empfing Sex-Sklavin Nadja Russen-Hitler Schirinowski.

Er ist ein Mann der Schatten-Seiten. Der „Russen-Hitler" **Wladimir Schirinowski** (47) drohte jetzt offen mit einem **„Dritten Weltkrieg"!**

● Wenn die NATO die Ex-Länder des Warschauer Paktes aufnehme (Polen, Ungarn etc.), „könnte dies Auslöser eines **Dritten Weltkrieges** werden!" ● „Jede Militäreinheit, die Order erhält, sich in Richtung Rußland zu bewegen – wird **ausgelöscht.**"

Das ist der Faschist. BILD enthüllt auch die perverse Seite des Macht-Lüstlings und „Hetzers" („Spiegel"). Das Liebes-Mädchen **Nadja** packt aus: „Ich war seine Sex-Sklavin! Er schlug mich mit einer Distel. Er würgte mich ..."

● **Das Sex-Protokoll der Horror-Nacht.**

● **Schirinowskis schlimme Sprüche** – Seite 2.

Grimmig: Wladimir S...

Wer will auf die einsame Trauminsel? Bitte melden!

Alles über die große BILD-Aktion auf der letzten Seite

Russen-Hitler & die Sex-Sklavin Das Geheimnis der Distel im schwarzen Koffer

Eine junge Frau sitzt in einem kleinen Ort in Österreich und hat Angst.

„Nadja" (23) hat Angst, weil sie mit „Russen-Hitler" **Wladimir Schirinowski** (47) im Bett war.

Er hat sie gequält, geschlagen, erniedrigt! Nadjas Stimme zittert: **„Ich war seine Sex-Sklavin..."**

Sie floh, sie schwieg – aus Angst. Jetzt geht sie an die Öffentlichkeit – aus Haß: „Denn alle sollen den wahren Schirinowski kennenlernen!"

* * *

Nadja zündet sich eine „Marlboro Light" an und schildert ihre Horror-Nacht mit Schirinowski in einem Wiener Hotel:

Seine Augen funkelten. Er grinste: „Schätzchen, geh duschen!" befahl er mir. Ich gehorchte. Ich wusch mich. 2 seiner Leibwächter schauten zu. Nackt kam ich aus dem Marmor-Bad...

Schirinowski lächelte und verschwand selbst im Bad...

Als er wiederkam, war er nackt – und sehr erregt! Wir tranken. Bacardi, Rum, alles wild durcheinander. Er scherzte. Mir war nicht nach Witzen. Mit uns in der Penthouse-Suite waren 4 seiner Leibwächtern – ungehemmt guckten sie uns zu, die ganze Zeit!

Das schien Schirinowski zu erregen. Dann wollte er mich küssen. Ich schloß die Augen...

Teil 2

Plötzlich spürte ich einen brennenden Schmerz an meinen Schenkeln!

Ich riß die Augen auf: Aus seinem Aktenkoffer hatte Schirinowski heimlich eine **peitschenartige Distel** hervorgeholt. Damit schlug er mich! Auf die Füße, Beine, die Scham.

Es tat sehr weh. Doch ich wagte nicht, zu schreien. Ich hatte einfach zu viel Angst. Ich fragte: „Was machst du? Das ist nicht normal?"

Er lachte höhnisch: **„Das ist die Strafe, weil du rauchst! Rauchen ist ungesund. Dies ist die gerechte Strafe!"** Und wieder zog er mir eins mit der stacheligen Distel über.

* * *

Plötzlich wurde er noch zorniger. Er schrie: **„Ich mag' deine Augen nicht! Du bist blond, doch deine Augen sind braun. Du mußt blaue Augen haben. Ich will in ganz Rußland Menschen mit blonden Haaren und blauen Augen."** Dann gibt er mir noch eine mit der Distel.

Der Sex:

Es war das Abartigste, was ich je erlebt habe. Die ganze Zeit wurden wir begafft von seinen 4 geilen Leibwächtern. Das schien ihn besonders zu erregen.

Er wollte alle Stellungen, von vorn, von hinten, auch Analverkehr. Er kniff, zog mich an den Haaren, quetschte mir die Brüste. Nach einer halben Stunde hatte er endlich einen Orgasmus.

Er grunzte, drückte mir mit beiden Händen die Kehle zu! Ich hatte panische Angst. Ich dachte: Jetzt erwürgt er dich. Doch das war nur ein Teil seiner perversen Lust . . .

Wir machten 2mal Sex – beide Male ohne Kondom. Schirinowski hatte gebellt: **„Ich will kein Gummi. Sei ein braves Mädchen. Wenn du ein Problem damit hast, hast auch du bald ein Problem."**

Nach dem 2. Mal befahl er hart: **„Geh duschen."** 2 seiner

In dem Niveau ihrer „Berichterstattung" über Schirinowskij ließ sich die „Bild"-Zeitung des Medienkonzerns Springer von niemandem untertreffen. Mit Hilfe der Rechtsanwälte Dr. Freys zwang Schirinowskij das Blatt gerichtlich zur Gegendarstellung in bezug auf die wüstesten Lügen aus Zuhälter-Fantasie.

Doch das sei immer noch „nur ein Teil seiner perversen Lust“ gewesen. „Sechs geile Leibwächter“ hätten stets zugesehen.

Für den Fall, daß sie „singe“, habe ihr Schirinowskij mit „einer Kugel in den Kopf“ gedroht, ließ die „Bild“-Zeitung die „Sex-Sklavin“ erklären. Da er ja „gute Kontakte zum KGB“ habe, sei dies keine leere Drohung: „In Moskau zählt ein Menschenleben nicht viel. Einen Killer kriegt man dort schon für 1500 Dollar.“ Es folgten dann noch weitere „Bild“-Enthüllungen, z. B. „Wie Schirinowskij Sex-Mädchen im Käfig tanzen ließ“ usw. usf.

„Produkt der Phantasie eines Zuhälters“

Diese an den Haaren herbeigezogene, die Wahrheit brutal peitschende Darstellung ging selbst im publizistischen Kampf gegen Schirinowskij alles andere als zimperlichen Medienorganen zu weit:

Schon am 11. Januar, dem Tag nach der ersten Folge der „Bild“-Zeitungs-Story, wartete die Wiener Neue Kronen-Zeitung mit den Hintergründen der „dubiosen Sex-Geschichte um Schirinowskij“ auf: Die von der „Bild“ geschilderte Bar gebe es tatsächlich, auch das Sex-Mädchen, und der russische Politiker habe sich dort wirklich am 24. Dezember aufgehalten. Doch erstens seien stets zwei Beamte der österreichischen Staatspolizei bei ihm gewesen, zweitens habe Schirinowskij zwei andere Mädchen, aber nicht jenes, das später „auspackte“, zu sich an den Tisch geholt, drittens sei Schirinowskij mit diesen beiden, vier Leibwächtern und den beiden Staatsschutzbeamten in sein Hotel gefahren, viertens sei dort nur „weitergeplaudert und weitergetrunken“ worden, sonst nichts.

Die Neue Kronen-Zeitung fuhr fort: „Zwei Stunden später wurden Kathi und Ira wieder in der Bar abgeliefert. ‚Was war?‘ wollten die Kolleginnen natürlich gleich wissen. ‚Gar nichts‘, lautete die Antwort. ‚Der wollte nur trinken und plaudern. Mehr nicht.‘ Kathi und Ira wirkten auch keineswegs besorgt oder verängstigt. Ganz im Gegenteil, waren sie doch fürs bloße Plaudern recht gut bezahlt worden.“ Nur jene Dame, die später von der „Bild“ als Schirinowskijs „Sex-Sklavin“ vorgestellt wurde, sei leer ausgegangen und habe sich – „für ihre Aufschneiderei bekannt“ – als „Kronzeugin“ dem Springer-Blatt angedient. Zuvor habe sie noch die beiden Kolleginnen, die tatsächlich mit Schirinowskij fortgefahren seien, über alle Einzelheiten von dessen Hotelzimmer ausgefragt. Damit ihr „Bericht“ authentisch klang. Die vorgebliche Sex-Sklavin des Russenhitler wisse jetzt, daß sich auch aus Politik viel Geld

schlagen lasse, hieß es abschließend in der Wiener „Krone“, z. B. „mit einer erfundenen Story über Schirinowskij als Sex-Ungeheuer“.
Selbst der „Stern“, normalerweise Multiplikator jeder Horror-Geschichte über Schirinowskij, rückte diesmal von den Verleumdungen der „Bild“ ab: „Das ‚Sex-Protokoll der Horror-Nacht‘ der ‚Bild‘ wirft Fragen von geostrategischen Dimensionen auf: Warum soll Schirinowskij mit einer ‚peitschenartigen Distel‘ im Aktenkoffer nach Wien reisen, um einer russischen Prostituierten das Rauchen abzugewöhnen?“ Rechercheure hätten schnell herausgefunden, „daß das Mädchen Nadja eigentlich Eva heißt und nicht vom ‚gefährlichsten Mann der Welt‘ gequält werden konnte, weil sie nicht mit ihm im Hotel war. Nadja alias Eva blieb in jener Nacht an der Bar sitzen. Und dachte nach, wie sich mit dem Landsmann doch noch Geld verdienen ließ. Über ihren Zuhälter verkaufte sie dann ihre ‚weltexklusiven‘ Erlebnisse an ‚Bild‘.“
Die Hamburger „Zeit“ kommentierte: „Entgegen anderer Behauptungen versuchten die ‚Bild‘-Macher gerade wieder mit Schmuddelberichten und Schockgeschichten Auflage zu machen, vom Farbbild eines getöteten Babys auf der Titelseite bis zur Story von dem ‚Russen-Hitler Schirinowskij und seiner Sex-Sklavin‘ im weihnachtlichen Wien – die offensichtlich frei erfunden war. Selbst Springer-Mitarbeiter packte gelegentlich das Entsetzen angesichts des Treibens ihrer ‚Bild‘-Kollegen.“ Die „Zeit“ zitierte am 4. März 1994 „Bild“-Chefredakteur Claus Larass mit den Worten: „Über keinen deutschen Politiker würde ich so was machen; bei Schirinowskij jedoch ist es politisch wichtig.“
Die in Sao Paulo erscheinende deutschsprachige Wochenzeitung Brasil-Post kommentierte: „Ein bösartiges Spiel hat das deutsche Massenblatt ‚Bild‘ mit Schirinowskij und der Angst der Deutschen vor unberechenbaren Veränderungen in Rußland gespielt . . . Was ‚Bild‘ abdruckte, war aber offenbar Produkt der Phantasie eines Wiener Zuhälters.“ Und in der Deutschen National-Zeitung hieß es am 21. Januar 1994: „Der ganze Fall ist eine Lehrstunde für alle, die sich noch immer nicht vorstellen können, mit welchen Mitteln die bundesdeutsche Meinungsindustrie arbeitet. Paßt irgendjemand Massenmedien oder deren Drahtziehern nicht in den Kram, so wird dieser gnadenlos in den Schmutz gezogen.“

Die Prozeßniederlage der „Bild“-Zeitung

Hatte Schirinowskij bis zu dieser „Sex-Story“ alle Unflätigkeiten nach dem Motto „Die Köter kläffen, die Karawane zieht weiter“ reaktionslos gelassen,

wollte er nun doch ein juristisches Exempel statuieren. Er nahm die Hilfe der Rechtsanwälte Dr. Freys in Anspruch und ging gegen das Springer-Blatt vor. Am 14. Februar 1994 schlagzeilte „Bild“: „Ein Prozeß, auf den wir uns freuen – Russen-Hitler verklagt BILD“. Doch am 11. März 1994 konnte die National-Zeitung melden: „Empfindlicher Dämpfer für die ‚Bild‘-Zeitung: Ausgerechnet der ‚Russen-Hitler‘ hat dem antideutschen Schmuddelblatt eine schmerzhafte Niederlage zugefügt. Ergebnis: Die ‚weltexklusiven‘ Enthüllungen der Springer-Zeitung über ‚Sex-Skandale‘ des Wladimir Schirinowskij haben sich in Luft aufgelöst. Millionenfach mußte die ‚Bild‘ am vergangenen Wochenende – nach mehreren einstweiligen Verfügungen der zuständigen Gerichte – auf der Titelseite eine Richtigstellung des Vorsitzenden der Liberal-Demokratischen Partei Rußlands unter die Leute bringen.“
Nach dem Rechtsstreit war die „Bild“ zum Abdruck folgender Gegendarstellung gezwungen: „In ‚Bild‘ vom 10. 1. 1994 äußert auf der Titelseite ein Liebes-Mädchen in bezug auf mich: ‚Ich war seine Sex-Sklavin. Er quälte mich, er schlug mich.‘ Hierzu stelle ich fest: Ich habe mit dem Liebes-Mädchen keinen Sex gehabt, sie weder gequält noch geschlagen. Behauptet wird auf Seite 2 der Ausgabe von ‚Bild‘, ich sei mit ihr im Bett gewesen. Diese Behauptung ist unwahr. Ich bin mit ihr nicht im Bett gewesen. Das Mädchen äußert: Wir fahren in sein Hotel. Diese Behauptung ist unwahr. Ich habe das Mädchen nicht in mein Hotel genommen. Sie behauptet, ich hätte sie gepackt und geäußert, ‚wer für mich arbeitet, muß Blut an den Händen haben‘. Hierzu stelle ich fest: Ich habe sie weder gepackt noch die Äußerung verlautbart. In ‚Bild‘ vom 11. 1. 1994 äußert auf der Titelseite eine spärlich bekleidete Frau, Russen-Hitler peitschte und würgte mich. Hierzu stelle ich fest: Ich habe die Frau weder gepeitscht noch gewürgt. Ich kenne sie nicht. In ‚Bild‘ vom 12. 1. 1994 wird auf der Titelseite unter der Überschrift ‚Mord-Drohung‘ auf einen Bericht auf Seite 2 hingewiesen, wie ich Sex-Mädchen im Käfig tanzen ließ. Hierzu stelle ich fest: Ich habe keine Sex-Mädchen in einem Käfig tanzen lassen. Wiedergegeben wird auf Seite 2 die Äußerung einer Frau, ich hätte ihr gedroht: ‚Wenn du redest, bekommst du eine Kugel in den Kopf!‘ Diese Behauptung der Frau ist unwahr. Diese Äußerung habe ich nicht getan. Ich kenne die Frau, gegenüber der ich die Äußerung getan haben soll, nicht einmal. Moskau, Wladimir Schirinowskij.“
„Mann, ist das ein Typ, dieser Schirinowskij“, schrieb Borussius, Kolumnist der Deutschen Wochen-Zeitung. „Die veröffentlichte Meinung taucht das bundesdeutsche Volk in ein Wechselbad der Enthüllungen. Mal erscheint

Wodka, Sauna, Orgie: Wie ein rechter Russe reist

Russen-Hitler drogensüchtig?

Er pöbelt, schlägt und schreit.

Ist Russen-Hitler **Wladimir Schirinowski** (47) **drogensüchtig?** Das behauptet ein hoher Parteikollege von Schirinowskis rechtsextremer „Liberal-Demokratischer Partei" (LDPR): „Der **Wahlerfolg** ist Schirinowski so zu Kopf **gestiegen**, daß er anfängt, **durchzudrehen** – mindestens schluckt er **Tabletten**", sagte er der Zeitung „Moskowski Komsomolez".

In Moskau prahlte Schirinowski am Wochenende: „Ich kann noch in diesem Jahr an die **Macht** kommen!" Präsident **Jelzin** solle zurücktreten, Außen-, Privatisierungs- und Wirtschaftsminister **abgesetzt** werden. Ganz der alte...

„Gegen Moral und Recht"

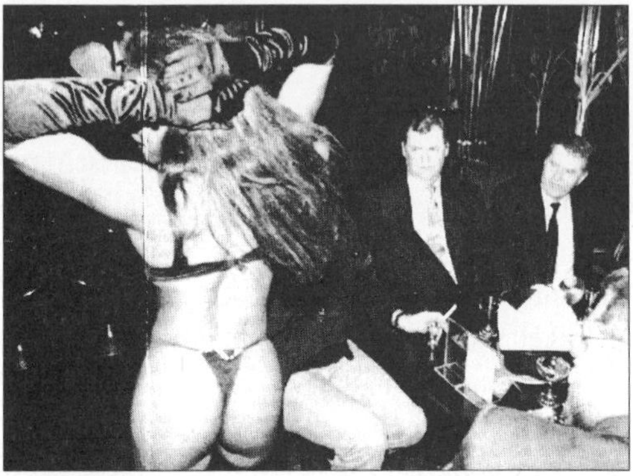

In einer finnischen Sex-Bar: Der russische Rechtsradikalen-Führer Schirinowski (rechts hinten) „entspannt" sich nach Gesprächen über eine Mitgliedschaft Rußlands im Europäischen Rat. Foto: ap

VON MARGA SWOBODA

TAG FÜR TAG

Wenn Rassisten Schwarze lieben

Aus Moskau kommt die gute Nachricht, daß dem machtbesessenen Schirinowskij, der eigentlich Edelstein heißt, die Fans davonlaufen. Den schönen Namen wollte er aus seinem Leben streichen, weil sich die jüdische Herkunft nicht gut macht für einen tollwütigen Rassisten.

Im Westen ist der Kerl inzwischen berühmt wie ein bunter Hund; das liegt einerseits an seinen Wahnsinns-Sprüchen und andererseits an seinen spektakulären Auftritten während seiner aufdringlichen Europa-Tourneen. Es sind aber weniger die politischen Auftritte, sondern mehr seine Gelage in Bars und Bordellen, die ihn in den Schlagzeilen halten. In diesen Tagen ging wieder ein einschlägiges Schirinowskij-Bild um die Welt: Der Wodka-Fürst spechtelt zwischen die Beine einer Striptease-Tänzerin, wobei die dunkelhäutige Schöne anscheinend Schirinowskijs Rassenwahn kurzfristig außer Kraft setzte. Rassisten haben ja oft zwei Seelen in der Brust: Sie lieben die Schwarzen, sofern die Schwarzen als Diener, Leibeigene oder Sex-Objekte daherkommen.

Die erotischen Ausritte Schirinowskijs sind jedenfalls schon fixer Bestandteil seiner Reisen, und anscheinend unternimmt er wenig, um seine Eskapaden diskret zu leben.

Ein Zusammenhang zwischen diesen Auftritten und der schwindenden Gunst des Volkes ist unwahrscheinlich. Mag sein, daß die Leute sich vor den geisteskranken Sprüchen des Russen zu fürchten beginnen, möglich auch, daß sie ihn schon als Scharlatan enttarnt haben.

Die zahlreichen Berichte aus Puffs und Bars aber werden ihm wohl eher nutzen als schaden. Es gilt ja einer, der die Puppen und die Wodkaflaschen tanzen läßt, als richtiger Kerl. Auch hierzulande pfeifen die Herren anerkennend, wenn vom nimmersatten Lotterleben des russischen Bären die Rede ist.

Aus bundesdeutschen (oben) und österreichischen (Faksimile unten) Medien. Geht es gegen Schirinowskij, entdecken selbst Schmuddelorgane und BluBu (Blut und Busen)-Blätter die Moral wieder – bzw. das, was sie dafür halten. Aufschlußreich auch die Wortwahl direkt aus dem Wörterbuch des Unmenschen: Ein Mißliebiger wird als „tollwütig", „wahnsinnig", „geisteskrank" bezeichnet.

dieser Politiker mit dem stärksten Zuspruch des russischen Volkes als ausschweifender Homosexueller, der sich mit Callboys im Lotterbett wälzt. Mal ist er wie ein Wilder hinter den Weibern her, unterhält sogar eine Art Sado-Harem mit lauter Gespielinnen, die wie Sexsklavinnen gehalten werden. Besonders pfiffige Pressefritzen verknüpfen beides und schlagzeilen, der russische Wahlsieger sei bisexuell aktiv. Also sowohl als auch. Nun wartet man gespannt auf Enthüllungen über seine sodomistischen Umtriebe. Stilecht wäre es, würde man ihn in inniger Umarmung mit einer russischen Braunbärin erwischen. Eine bärenstarke Story, alles was recht ist . . . Selten zuvor hat die wilde Propagandasau dermaßen getobt wie im Falle Schirinowskij. Die verehrte Leserschaft darf sich darauf verlassen, daß unsere Meinungsmacher noch mit einer Vielzahl weiterer ‚Enthüllungen‘ aufwarten werden. Denn dieser Russe paßt unseren Strategen nicht ins Konzept.“

„Medienhetze kann deutsch-russisches Verhältnis trüben“

Wladimir Schirinowskij nahm in der National-Zeitung vom 14. Januar 1994 ausführlich zu politischen Anschuldigungen Stellung und erläuterte seine Ziele. Er bekräftigte, daß er die Oder-Neiße-Linie als Provisorium erachte, friedliche Grenzrevisionen auf dem Verhandlungsweg den völkerrechtlichen Regeln entsprächen, er „dauerhafte Partnerschaft zwischen Deutschland und Rußland“ wünsche und das Prinzip der gegenseitigen Nichteinmischung befürworte. Ein gesundes und kraftvolles Deutschland sei auch im Interesse Rußlands. Er warnte davor, daß die überbordende Medienhetze in der Bundesrepublik das deutsch-russische Verhältnis nachhaltig trüben könne. Im übrigen habe seine Familie „große Opfer im Kampf gegen den Faschismus bringen müssen“. Allein deshalb schon sei es völliger Unfug, ihn in die Nähe Hitlers einzuordnen. Trotz der Hetze wolle er bei seiner prodeutschen Haltung bleiben.

Schirinowskij und die „Atombombendrohung“

In derselben National-Zeitung hieß es unter der Schlagzeile „Schirinowskij und die ‚Atombombendrohung‘“:

„Überall, wo Wladimir Schirinowskij frei sprechen konnte, hat er seinen Wunsch nach deutsch-russischer Freundschaft zum Ausdruck gebracht und das Zerrbild vom wilden Mann, der Deutschland angeblich mit Atomwaffen einäschern wolle, widerlegt: Bei seinen zahlreichen langstündigen Unterredungen mit Dr. Frey, bei seinen Ansprachen im Rahmen von DVU-Kundgebungen, in mehreren Interviews mit der Deutschen National-Zeitung und der Deutschen Wochen-Zeitung, im Interview mit dem Fernsehsender RTL vorige Woche (bezeichnenderweise erst kurz nach Mitternacht ausgestrahlt). Dennoch geistern Meldungen über antideutsche atomare Vernichtungsandrohungen Schirinowskijs durch Medien; und mancher leichtgläubige Zeitgenossen fällt darauf herein."

Die Aufregung etablierter Kreise um Schirinowskijs angebliche Atombombendrohungen waren auch vor dem Hintergrund folgender Tatsachen heuchlerisch:

1. Der Präsident der polnischen Republik, Walesa, hat unverhohlen mit einem Atomschlag gegen Deutschland gedroht, zu dem er notfalls anstacheln wolle. Diese offene Drohung hat keineswegs Aufregung in etablierten Medien hervorgerufen. Und Walesa ist Träger des Friedensnobelpreises.
2. Der Vizepräsident der Vereinigten Staaten von Amerika, Quayle, hat im Golfkrieg offen den Atomschlag angedroht, was völkerrechtswidrig ist. Etablierte Medien zollten ihm auch hierzulande Lob für „entschlossenes Auftreten".
3. Der einstige Präsident der USA, Reagan, hat bei einer „Sprechprobe", die auch gesendet wurde, vor einer Fernsehrede angekündigt, Atomraketen auf Moskau abzufeuern. Bundesdeutsche etablierte Medien meldeten pflichtschuldigst und artig, Herr Präsident haben einen Scherz gemacht.
4. Der bekannte deutsche Fernsehmoderator Alfred Biolek hat wegen des „bedrohlichen Rechtsextremismus" geäußert: „Eher sollte die Atombombe auf dieses Land fallen und dem Boden gleichmachen." Biolek sagte dies im Zusammenhang mit seiner Beteiligung an einer Berliner Großkundgebung „Gegen Haß, für Toleranz".
5. Daß die Sowjetunion unter Breschnjew Deutschland stets unter Atomschlag-Drohung hielt, hinderte hiesige Politiker nicht am Bruderkuß-Verhältnis zum roten Diktator und an tränenreichen Abschiedsreden, als er verblich.
6. Die einzige Macht, die bisher Atombomben auch tatsächlich geworfen hat, waren die USA, und zwar auf das längst kapitulationsbereite Japan. Die USA gelten Meinungsmachern als „Befreier".

Schlüsselpositionen für Schirinowskijs Leute

Die bundesdeutsche Meinungsindustrie fuhr indes unbeirrt fort in ihrer Verunglimpfungskampagne: „Schirinowskij – ein neuer Hitler taucht auf", schlagzeilte am 13. Januar 1994 „Super-Illu" über „das widerliche Großmaul". Und unter der Überschrift „Wer ist sein Kumpel Frey" kam folgende Volksaufklärung: „Gerhard Frey, Chef der rechtsextremen Deutschen Volksunion (DVU). Er träumt von einem großdeutschen Reich, jubelt, wenn Schirinowskij tönt: ‚Es kann kein Verbrechen sein, wenn wir die Oder-Neiße-Linie nicht als das letzte Wort der Geschichte ansehen'."

„Von Rußland bis England – Brauner Sumpf Europas", donnerten die Schlagzeilen der „Bild am Sonntag" am 16. Januar 1994. Rechtsradikale seien auf dem gesamteuropäischen Vormarsch. Und mittendrin: Wladimir Schirinowskij mit Dr. Frey. „Brauner Sumpf überall."

Tags darauf schrieb „Focus", Schirinowskij habe das russische Parlament, die Duma, mit ständigen Klamauk-Auftritten und Skandalen in eine Art Affenzirkus verwandelt; „Bierzeltstimmung im Parlament". Selbst in Kreisen russischer Nationalisten sei man nun verärgert über Schirinowskij, und die Aussichten des Führers der Liberal-Demokraten, sich auch die Sympathien der Wähler zu verscherzen, stünden nicht schlecht, schrieb das Nachrichtenmagazin. Ein Gedanke, bei dem wohl der Wunsch jeden Vaterschaftstest bestanden hätte. Schließlich noch folgende „Focus"-Weissagung: „Schirinowskijs Chancen, irgendeinen nennenswerten Parlamentsposten erobern zu können, sinken mit jedem Sitzungstag."

Einmal mehr schnitt sich die bundesdeutsche Meinungsmache damit in den Finger. Denn am 11. Februar 1994 meldete die Deutsche National-Zeitung unter der Schlagzeile „Schlüsselpositionen für Schirinowskij":

„Von bundesdeutschen Medien weitgehend totgeschwiegen, hat sich in Rußland bereits ein ‚Stück Machtwechsel' zugunsten der Liberal-Demokraten des Wladimir Schirinowskij vollzogen. Die Liberal-Demokraten stellen nicht nur einen stellvertretenden Präsidenten der Duma, des russischen Parlaments. Parteifreunde von Schirinowskij wurden auch in weitere Schlüsselpositionen der Volksvertretung gewählt: Zum Vorsitzenden des Duma-Ausschusses für Arbeit und Soziales, zum Chef des Parlamentskomitees für Ökologie, an die Spitze des Duma-Ausschusses für Industrie, Transport und Bau, zum Chef des Parlamentskomitees für Bodenschätze. Schirinowskij selbst ist Vorsitzender des Geopolitischen Ausschusses der Duma."

„Das Psychogramm des Monsters"

„Wir dachten schon, wir könnten die Bundeswehr einmotten; für ein paar glückliche Monate war der Weltfriede ausgebrochen", notierte die „Bunte" am 20. Januar 1994 ungeachtet der Tatsache, daß 1993 weltweit annähernd

fünfzig blutige Konflikte getobt hatten – eine der höchsten Zahlen seit 1945. Dann aber, so fuhr die Illustrierte fort, sei der globale Störenfried auf den Plan getreten: „Die erste demokratische Russen-Wahl spülte den furchtbaren Schirinowskij aus dem roten Gully hoch." Schirinowskij – „ein Narr, ein Westentaschen-Demagoge – oder wirklich der neue Hitler?" formulierte die „Bunte" die Frage aller Fragen; die Welt rätsele.
Doch die Illustrierte war der Lösung des Welträtsels dicht auf der Spur: „Wir haben den prominenten Psychologen Dr. Stephan Lermer um das Psychogramm des Monsters gebeten. Er analysierte Fotos Schirinowskijs." Das Fazit des Fachmanns: „Schirinowskij ist zu Liebe nicht fähig. Ein Mensch, der einem leid tun müßte, wenn er Menschen nicht so verachten würde."
Das „Psychogramm des Monsters" ergab im einzelnen: Die Augenlider deuteten darauf hin, daß Schirinowskij „durchgedreht" sei. Aus der „Fleischigkeit der Nase" folge: „Genußsucht und Schläue, Triebhaftigkeit". Die „seltsame Schnutenhaltung des Mundes" indiziere „Verbissenheit und Infantilität". Vom Kinn her lasse sich auf „Aggressivität" schließen. Wichtig: „Doppeltes Grübchen verrät Januscharakter." Was sagen uns Schirinowskijs Wangen? Dr. Lermer: „Disziplinlosigkeit, Unsportlichkeit, falsche Ernährung und Trunksucht." Bleiben die Augen: „Lieblos und gefühlskalt." Eben so ein richtiges Monster.
Es war die Zeit, als das langjährige Zentralorgan von Mauermördern und Stasiterroristen, „Neues Deutschland", Schirinowskij bittere Vorhaltungen machte, weil „er mit seinen anmaßenden Sprüchen den Deutschen die Schuldgefühle für die Zeit zwischen 1933 und 1945 nimmt" und daß „Bild" einen Schnappschuß des saunenden Schirinowskij brachte. Was die National-Zeitung zur Frage anregte: „Wann kommt das ‚enthüllende Foto' des vom US-Präsidenten Clinton kürzlich als ‚Sumo-Ringer' bezeichneten Bundeskanzlers in ganzer Leibesfülle und nur mit Badehose am Wolfgangsee? Die politische Aussagekraft wäre ähnlich überwältigend wie jene des ‚Schiri im Lendenschurz'."

Erneutes Treffen in Moskau

Am 26. Januar trafen Schirinowskij und Frey in Moskau abermals zusammen. Große Teile der bundesdeutschen Meinungsindustrie tobten, während die Berichte in der russischen Presse sachlicher waren. „Braune Brüder – Küsse und Polit-Wahnsinn", betitelte die Berliner „BZ" tags nach dem Zusammentreffen der Chefs von DVU und russischen Liberal-Demokraten den Bericht

in Blick in die Sterne zw. die Glaskugel ıthüllte es: Schiriɔwskij ist nicht nur ie Wiedergeburt des dolf Hitler, sondern ıch „der Bluthund es Nostradamus". arunter: „Das Psyhogramm des Mon:ers", wie es von der ustrierten „Bunte" eröffentlicht wurde; ɔm „doppelten rübchen" bis zur seltsamen Schnunhaltung" des Munes – nichts bleibt bei chirinowskij ununrsucht. Rechts ben: Im Frühjahr 994 ließ der WDR in inem „Doku-Krimi" it dem Titel „Schiriɔwskij – Sein ampf" Killerspeziasten auf den Führer er stärksten Partei ußlands los. Deren uftrag: Rettung der lenschheit von dem tanischen Iwan.

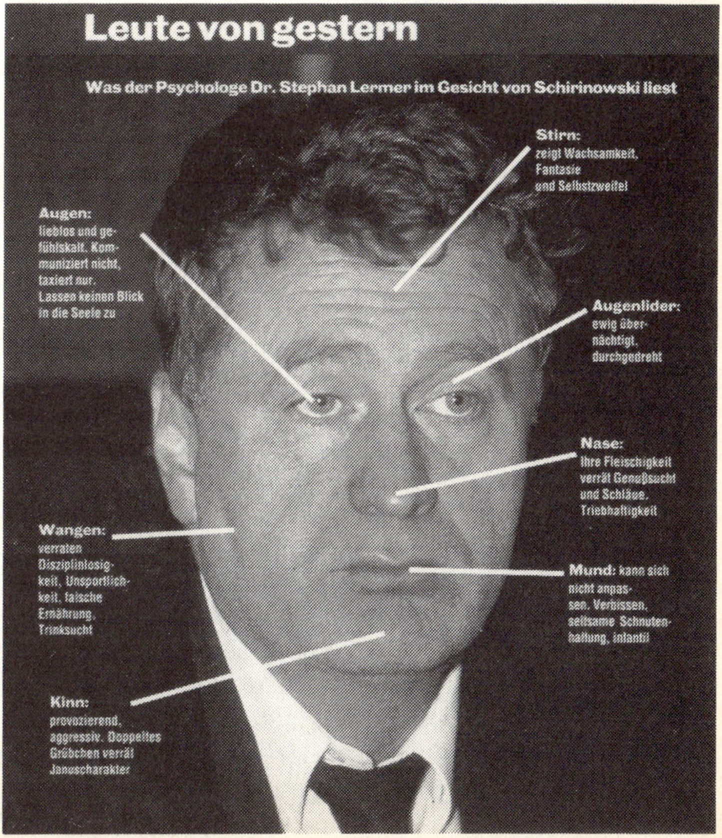

über „die beiden Größenwahnsinnigen“. Womit der Tenor bundesdeutscher Berichterstattung umrissen ist.

Es gab auch Ausnahmen. Einigermaßen korrekt war der Bericht eines russischen Journalisten, der für etliche deutsche Zeitungen arbeitet. Er schrieb: „Als gemeinsame Ziele gaben die beiden Politiker den Aufbau eines großen Deutschland und eines großen Rußland sowie die ‚ewige Freundschaft‘ zwischen den beiden Völkern an. Schirinowskij sprach sich symbolisch für den Bau einer ‚Autobahn Berlin–Königsberg–Sibirien–Fernost‘ aus. Anders als früher befürwortete er die Wiederherstellung einer deutschen Republik an der Wolga . . . Schirinowskij wies energisch Vorwürfe zurück, einen neuen Krieg vom Zaun brechen zu wollen. Seine Partei wolle ihre Ziele nur mit friedlichen Mitteln erreichen . . . Nach der Pressekonferenz legten Schirinowskij und Frey einen Kranz am Grab russischer Soldaten nieder, die 1812 im Krieg gegen Napoleon fielen.“

Die Süddeutsche Zeitung rang sich diesmal unter dem Titel „Schirinowskij zu DVU-Chef Frey: Deutsche und Russen ewige Freunde“ zu einem halbwegs objektiven eigenen Bericht durch, in dem es hieß: „Deutsche und Russen sind nach den Worten des russischen Nationalistenführers Wladimir Schirinowskij ‚ewige Freunde‘. Der Vorsitzende der rechtsextremen Liberal-Demokratischen Partei Rußlands (LDPR), die bei den Parlamentswahlen im Dezember überraschend am meisten Stimmen bekommen hatte, sprach sich dafür aus, daß über eine ‚Achse Berlin–Moskau‘, die bis zur indischen Hauptstadt Delhi verlängert werden sollte, für Stabilität in Europa und Asien gesorgt werden solle. Schirinowskij sagte auf einer gemeinsamen Pressekonferenz mit dem Münchner Verleger und Vorsitzenden der rechtsextremen Deutschen Volksunion (DVU), Gerhard Frey, er trete für gemeinsame deutsch-russische Großprojekte ein. Dazu solle eine Autobahn von Berlin über Königsberg und Moskau nach Wladiwostok gehören. Ebenso forderte er die Ausweitung des Deutsch-Unterrichts an allen russischen Schulen . . . Gemeinsam mit Frey legte Schirinowskij einen Kranz am Denkmal für die im Kampf gegen Napoleon gefallenen Russen nieder, ‚die gemeinsam mit den Deutschen Europa befreit haben‘.“ Die angeblich alternative „taz“ aber machte ihrem Haß mit der Schlagzeile „Vernunft tritt ab, Wahnsinn gibt Pressekonferenz“ Luft und hielt den Vorsitzenden der Volksunion und der Liberal-Demokraten vor: „Schirinowskij und Frey spielen Jalta.“

Andere bundesdeutsche Medienorgane sorgten für eine ganz „erlesene“ Begleitmusik zum Moskauer Treffen der beiden Rechtspolitiker. „Bild“:

„Schirinowskij erwartet in Moskau ein Prozeß wegen Kriegshetze." Münchens „AZ": „Kriegshetzer Schirinowskij – die Justiz ermittelt. Dem russischen Wahlsieger drohen bis zu 8 Jahren Haft". Ein Blatt wie die Schwäbische Donau-Zeitung „wußte" es ganz genau: „Schirinowskij sitzt der russische Generalstaatsanwalt im Nacken. Er hat gegen ihn ein Verfahren wegen Kriegspropaganda eröffnet. Sollte Schirinowskij verurteilt werden, drohen ihm bis zu acht Jahre Haft." Schon bald aber zeigte sich, daß alle bundesdeutschen Medien, die Schirinowskij voreilig als Knastbruder sahen, völlig daneben lagen. Die Vorwürfe gegen den Chef der Liberal-Demokraten hatten strafrechtlich keinen Bestand.

Freys Moskauer Interviews

Daß die Berichterstattung über die Kontakte zwischen Deutscher Volksunion und russischen Liberal-Demokraten in der russischen Presse sehr viel objektiver ausfiel, wurde bereits erwähnt. Auch Frey kam in russischen Interviews zu Wort; ein Akt der Fairneß, der bundesrepublikanischen Meinungsmachern nicht in den Sinn kam.

Ein Beispiel: Am 2. Februar 1994 veröffentlichte die Moskauer „Iswestija" ein ausführliches Gespräch mit Frey. „Ich habe Rußland schon immer hoch geachtet", betonte der DVU-Vorsitzende. „Wenn Rußland und Deutschland zusammenarbeiteten, hat die Welt davon nur profitiert. Wir haben im Zweiten Weltkrieg die größten Verluste erlitten, und die Erinnerung an die Millionen gefallenen Russen und Deutsche soll eine Gewähr dafür sein, daß wir nie wieder in Feindschaft gegeneinander verfallen."

Der Vorsitzende der Volksunion rief die Geschichte in Erinnerung: „Rußland hat Friedrich den Großen im Siebenjährigen Krieg gerettet. Rußland hat Europa und Deutschland vor Napoleon gerettet; und Anfang der 1920er Jahre wurde trotz der unterschiedlichen politischen Systeme der Vertrag von Rapallo zwischen Berlin und Moskau möglich. Schirinowskij und ich treten dafür ein, daß in Berlin und Moskau eine freundschaftliche Politik betrieben wird; dann werden unsere Länder einen würdigen Rang in der Welt einnehmen."

Auf die Frage, wie er den Aufruf Schirinowskijs zur Änderung europäischer Grenzen einschätze und ob dieser mit seinen Wünschen übereinstimme, Deutschlands Ostgebiete zurückzugewinnen, sagte Dr. Frey im „Iswestija"-Interview: „Die europäischen Grenzen werden doch ohnehin geändert. Ein Beispiel dafür ist Deutschland selbst, aber auch Jugoslawien, die Tschechoslowakei und die ehemalige UdSSR . . . Die Oder-Neiße-Linie ist keine für ewig von Gott gegebene Grenze. Man muß vom Recht der Völker auf Selbstbestimmung ausgehen. Es ist möglich, daß man in Warschau in fünf oder zehn Jahren mit uns über die Rückgabe Schlesiens verhandeln will." Iswestija: „Wie steht es mit dem Kaliningrader Gebiet, dem ehemaligen Ostpreußen?" Frey: „Ich zweifle nicht daran, daß unsere Länder in der Zukunft eine für beide Seiten annehmbare Variante für die Lösung dieses Problems finden werden. Das Unrecht, das den heimatvertriebenen Deutschen zugefügt wurde, muß wiedergutgemacht werden."

Plötzlich „Gorbatschows Geschöpf"

„Gott hat uns zu Freunden bestimmt", lautete die Schlagzeile eines National-Zeitungs-Interviews mit Wladimir Schirinowskij, das das Münchner Blatt am 4. Februar 1994 veröffentlichte. Darin äußerte der Chef der russischen Liberal-Demokraten: „Wenn ich an Deutschland denke, dann empfinde ich Respekt und Zuneigung. Mein Herz sagt mir, daß unsere Völker sehr ähnlich sind und als Freunde zusammengehören. Mein Verstand sagt mir, daß der Friede auf Dauer in Europa gesichert werden kann, wenn Deutsche und Russen dies gemeinsam wollen und sich nie wieder gegeneinander hetzen lassen. Mein Geschichtsverständnis sagt mir, daß die Lehre aus zwei mörderischen Kriegen, in denen sich Russen und Deutsche furchtbare Verluste zufügten, nur sein kann, zurückzukehren zur deutsch-russischen Freundschaft, die über Jahrhunderte unseren Völkern Segen brachte."
In der Deutschen Wochen-Zeitung desselben Datums beschäftigte sich Kolumnist Borussius mit der Frage: „Ist Schiri Gorbis Schöpfung?": „Eines jedenfalls – so unsere etablierten Massenmedien – war bislang sicherer als das Amen in der Kirche, das Allah akbar in der Moschee und das Schalom in der Synagoge: Michail S. Gorbatschow ist der gute Russe, und Wladimir W. Schirinowskij ist der bitterböse Iwan. Eine wahrhafte ‚Gorbi'-Manie tobt seit Jahren durch den Blätterwald und schwappt via Ätherwellen in die bundesdeutschen TV-Haushalte. Und das Mal auf Gorbis Stirn – es kann ja nur ein Knutschfleck vom lieben Gott sein. Dagegen der sinistre Schiri: Von Schwefelgestank eingehüllt, sitzend zur Rechten des Satans und aufgefahren aus der Hölle, um uns Deutsche im besonderen und die Menschheit im allgemeinen ins atomare Fegefeuer zu reißen. Doch nun ist plötzlich alles anders. Denn bundesdeutsche Medien präsentierten eine neue ‚sensationelle Enthüllung', allen voran die nadelgestreifte FAZ: Unter Berufung auf den Bürgermeister

s „Russen-Hitler"

ropa zu verändern. Nach russischem Rezept!"

Immer noch trauert Schirinowski den Zeiten nach, in denen das sowjet-russische Imperium halb Europa fest im Griff hatte. Eine Wiedervereinigung Deutschlands hätte es unter ihm nie gegeben: „Wenn die Deutschen nicht den Gorbatschow gekauft hätten, dann wäre Ostdeutschland in unserer Einflußsphäre geblieben. Sehen Sie: Zweimal haben die Deutschen gewonnen, obwohl wir im Krieg gewonnen haben!"

Heute im deutschen Fernsehen Wladimir Schirinowski

Eine Achse Berlin-Moskau wäre allerdings so ganz nach dem Geschmack Schirinowskis: „In Deutschland wird die Situation immer schlimmer. Zu viele Türken, Araber, Zigeuner und Rumänen. Wir werden Euch Deutschen helfen können."

Und so erklärt sich der „Russen-Hitler", warum er im Gegensatz zu „Gorbi" bei den Deutschen keine allzu große Beliebtheit genießt: „Weil ich nicht käuflich bin. Ich bin nicht zu kaufen."

Spiegel TV ist dem Rechtsradikalen eine Woche lang ununterbrochen auf den Fersen geblieben. Das Ergebnis ist eine TV-Reportage, die 45 Minuten nur ein Thema hat: Wladimir Schirinowski. Zu sehen ist die Reprtage heute auf SAT.1 um 23.15 Uhr.

GLOBUS

enen Reihen

Die Attacken Schirinowskijs spalten seine Partei

nis war eine Finte, um Parteispalter und Geheimdienste reinzulegen."

Aber die Unruhe in der LDPR bleibt, Kobelew kehrte nicht zurück. Das Parteigründungsfieber hat nicht nur die LDPR erfaßt. Vergangene Woche gründeten mittelständische Unternehmer in Moskau die „Partei der Mehrheit", die Schirinowskij das Wasser abgraben könnte. Parteimotto: „Patriotismus, Stabilität, Gesetzlichkeit."

chirinowskij „mit Knarre": Ja, das war was für die bundesdeutsche Meinungsindustrie! er Schnappschuß erschien nahezu in sämtlichen Medien der Bundesrepublik als Beweis", daß Schirinowskij – im Gegensatz zum guten Russen Jelzin – der „böse Iwan" ei. Aus russischen Zeitungen stammt das untere Bild. Man sieht den Präsidenten Jelzin, ie er den russischen Streitkräften seine Aufwartung macht und stolz zeigt, daß er mit odernem Gerät umzugehen versteht.

von Sankt Petersburg heißt es, Schirinowskij habe seine Partei auf Anweisung von Gorbatschow, damals noch KPdSU-Generalsekretär, aus der Taufe gehoben, wobei Gorbi den KGB als Hebamme für den parteikreißenden Schiri eingesetzt haben soll. Was nun? Durchtrainierte Meinungsmacher kriegen das schon hin: Mit einmal schlüpft ‚uns Gorbi' von der Rolle des Wohltäters der Menschheit in die Funktion eines üblen KP-Banditen, der den eklen Schiri auf den armen Boris Jelzin losgelassen hat."

Von der Etsch bis an die Memel

Ab Ende Januar 1994 machten konkrete geostrategische Überlegungen Schirinowskijs weltweit Schlagzeilen. Er hatte dem französischen Ex-Diplomaten und Mitarbeiter der italienischen Fachzeitschrift für Geopolitik, „Limes", Gauffin, in einem Interview erklärt: „Preußen war ein deutscher Staat, der Breslau und Stettin einschloß, und all diese Gebiete sollen wieder Deutschland zugeschlagen werden . . . Königsberg können wir eines Tages an Deutschland zurückgeben." In Anknüpfung an alte Mitteleuropa-Konzeptionen, wie sie zum Beispiel vom berühmten Liberalen Friedrich Naumann verfochten worden waren, regte Schirinowskij auch einen Zusammenschluß der Bundesrepublik Deutschland einschließlich der zurückgegebenen Ostgebiete mit Böhmen und Mähren, Österreich und Slowenien an. Eines Tages möge es dann zu einer Entente dieses Deutschlands mit Rußland und Indien kommen, was sich friedensfördernd auf die gesamte Welt auswirken werde. Während sich in etlichen Organen der bundesdeutschen Meinungsindustrie, auch im Fernsehen, ein Sturm der Entrüstung erhob, weil Schirinowskij ein größeres und kräftigeres Deutschland vorgeschlagen hatte, kommentierte die Deutsche National-Zeitung: „Der Schirinowskij-Plan bringt nicht nur die Frage Ostpreußens, sondern Ostdeutschlands in die Diskussion zurück. Es ist kein vernünftiger Grund erkennbar, warum ein Problem dieses Ausmaßes nicht einer klärenden Erörterung und gerechten, friedlichen Verhandlungslösung zugeführt werden soll." In der Deutschen Wochen-Zeitung hieß es: „Man faßt es kaum, und doch ist es wahr: Da kommentiert eine bundesdeutsche Tageszeitung, bei Schirinowskijs Angebot, daß Königsberg wieder deutsch werden solle, handele es sich um ‚aggressive Töne'. Und da schreibt eine Tiroler Zeitung, der ‚radikale Schirinowskij' habe sich gegenüber dem Moskauer Korrespondenten der römischen Tageszeitung ‚La Repubblica' zu der Bemerkung ‚verstiegen(!)', Südtirol sollte zurück zu Österreich. Früher, als es noch erklärtes Ziel der bolschewistischen Machthaber war, ganz

Deutschland, ja sogar via Weltrevolution den gesamten Globus einzusacken, sang man in unseren etablierten Medien Hymnen auf die Konsorten im Kreml. Und jetzt, da der kommende Mann Rußlands uns Königsberg freigeben will und sich für die Wiedervereinigung Tirols in Österreich ausspricht, da wird gegen ihn geschimpft und gehetzt!“

Anfang Februar 1994 hatte auch die Wiener Tageszeitung „Die Presse“ über Schirinowskijs Vorschläge zu Südtirol berichtet: „Wladimir Schirinowskij hat bei einem Zwischenstopp in Budapest auf seinem Weg nach Belgrad Ungarn und den anderen mittel- und osteuropäischen Staaten empfohlen, neutral zu bleiben. Er war per Flugzeug aus Slowenien kommend in Budapest eingetroffen. Der Nationalistenführer blieb bis Sonntag vormittag im nordslowenischen Kurort Bled (Veldes). Dort gab er noch Interviews, in denen er unter anderem die Rückgabe Südtirols an Österreich forderte.“ Im National-Zeitungs-Interview vom 11. Februar 1994 führte Schirinowskij aus: „Es ist so viel vom Selbstbestimmungsrecht die Rede. Kaum ein Mensch auf der Welt wird daran zweifeln, daß die Südtiroler Deutsche sind. Keiner wird es in Abrede stellen wollen, daß rund drei Viertel der in Südtirol lebenden Bevölkerung der deutschen und der mit dieser eng verbundenen ladinischen Volksgruppe angehören. Warum soll diese Frage nicht am besten durch das Votum der Wähler gelöst werden? Warum lassen wir uns nicht von demokratischen Prinzipien leiten?“

Die Drogen-Story

Am 7. Februar 1994 hatte sich die „Bild“ wieder was Neues einfallen lassen mit der Schlagzeile „Russen-Hitler drogensüchtig?“ Textkostprobe: „Er pöbelt, schlägt und schreit. Ist Russen-Hitler Wladimir Schirinowskij drogensüchtig? Das behauptet ein hoher Parteikollege von Schirinowskijs rechtsextremer Liberaldemokratischer Partei.“ Der angebliche Gewährsmann wurde nicht beim Namen genannt.

Parallelen Goldwater, Reagan, Schirinowskij

In der Deutschen Wochen-Zeitung des 11. Februar 1994 wurde erläutert, warum das nationalfreiheitliche Lager Kontakt und Freundschaft zu Repräsentanten des Auslandes wie Schirinowskij suche:

„An Politikern, die fremde statt deutsche Interessen im Kopf haben, mangelt es in der Bundesrepublik fürwahr nicht. Es wimmelt nur so von Etablierten, die mit dem im Grundgesetz festgeschriebenen Amtseid, den Nutzen des deutschen Volkes zu mehren, nichts oder nicht viel im Sinne haben. Ständig mischt man sich in alle möglichen fremden Angelegenheiten für fremde Interessen ein, nur nicht in die eigenen, die deutschen Belange. Vor diesem Hintergrund hätte es uns gerade noch gefehlt, daß auch Repräsentanten des deutschen nationalen Lagers sich nicht auf deutsche Interessen konzentrieren, sondern sich hauptsächlich als Verfechter der Sache Fremder begreifen würden."

In diesem Sinne sei es beispielsweise für die nationalfreiheitliche Publizistik Dr. Freys selbstverständlich gewesen, sich 1964 für den US-amerikanischen Präsidentschaftsbewerber Barry Goldwater zu erwärmen. Denn der habe einen in wesentlichen Punkten prodeutschen Kurs verfochten. Auch habe die Deutsche National-Zeitung 1985 zum Deutschlandbesuch des US-Präsidenten Reagan „Welcome Mr. President" geschlagzeilt, nachdem das amerikanische Staatsoberhaupt trotz aller Pressionen deutschfeindlicher Kräfte am Besuch des Bitburger Soldatenfriedhofs festgehalten und bei einer Pressekonferenz in Washington geäußert hatte, die Deutschen seien befangen in einem „aufgezwungenen Schuldgefühl", das Reagan ausdrücklich als „unnötig" bezeichnete. Auch hätten Deutsche Volksunion und die nationalfreiheitlichen Wochenblätter 1992 ausdrücklich und in großer Aufmachung die Haltung des Mitbewerbers Bushs um die Präsidentschaft, Patrick Buchanan, begrüßt, der – wider den Zeitgeist – das Vertreibungsunrecht an Deutschen gegeißelt und sogar die Frage aufgeworfen hatte, ob die Oder-Neiße-Linie fortbestehen könne.

Die DWZ fuhr fort: „Wäre es die Aufgabe des nationalen Lagers gewesen, die Haltung zu den genannten Herren davon abhängig zu machen, wie ihre Einstellung zur Negerfrage in den USA beschaffen ist, ob sie die Souveränität mittel- und südamerikanischer Staaten auch wirklich zu achten bereit gewesen sind, wie sie die amerikanisch-chinesischen, amerikanisch-indischen oder sonstige Beziehungen der USA zu fremden Staaten und Völkern gestalten wollten? Schon gar nicht bestand aus deutscher Sicht die Pflicht, die Herkunft Goldwaters (jüdisch) oder Reagans und Buchanans (irisch) zum Nonplusultra zu machen bzw. zuvörderst in irgendwelchen von Medien gewisser Machart ‚enthüllten' angeblichen Privataffären dieser US-Politiker herumzuschnüffeln."

Daß das nationalfreiheitliche Lager sich positiv zu den erwähnten US-Politikern geäußert habe, sei nicht zu verwechseln mit einer Billigung fortdauernder Negerdiskriminierung in den USA oder US-amerikanischer Bevormundung fremder Völker oder umstrittener Lebensführung maßgeblicher Leute. „Sondern die positive Haltung nationaler Deutscher war Ausdruck der Überzeugung, daß in unserem Land, in dem so entsetzlich viel Etablierte fast ausschließlich fremde Flausen im Kopf haben, klare positive Signale gegeben werden müssen, wenn sich mächtige Männer einer Großmacht im prodeutschen Sinne äußern."

Von der Kunst des Möglichen

Dies könne in bezug auf Rußland nicht anders sein. Die DWZ fragte: „Hätte Friedrich der Große im Siebenjährigen Krieg lieber mitsamt Preußen untergehen sollen, statt sich mit dem neuen Zaren, der propreußisch eingestellt war, zu vereinbaren? Immerhin klafften Welten zwischen der aufgeklärten Staatsauffassung des Monarchen Friedrich und dem inneren Gefüge Rußlands. Hätte Freiherr vom Stein, der das deutsch-russische Bündnis im Befreiungskrieg einfädelte, diese Allianz von der Übernahme seines preußischen freiheitlichen Reformwerkes durch Rußland abhängig machen sollen? Hätte Bismarck die zur Reichsgründung 1871 zwingend erforderliche wohlwollende Neutralität Rußlands ausschlagen sollen, weil er genau um den Fortbestand deutsch-russischer Interessengegensätze z. B. auf dem Balkan wußte? Hätte die Weimarer Republik den Vertrag von Rapallo durch Reichsaußenminister Rathenau nicht schließen sollen, weil das Abkommen Frankreich nicht schmeckte und weil sich die innere Verfassung Sowjetrußlands fundamental von der Weimarer Reichsverfassung unterschied?"
Trotz Stalins Schurkentaten, so die Wochenzeitung weiter, wäre es sinnvoll gewesen, dessen Wiedervereinigungsgebot 1952 näher auszuloten, statt, wie es Bonn getan habe, ohne jede Prüfung die Offerte abzulehnen. Daß Gorbatschow 1989/90 eine russische Politik betrieben habe, die die Wiedervereinigung mit der DDR ermöglichte, habe selbstverständlich auch die Sympathie des nationalen Lagers gefunden. Hätte es dagegen wettern sollen, weil Gorbatschow trotz allem eingefleischter Kommunist geblieben sei?
Wörtlich fuhr die DWZ in ihrem Grundsatzbeitrag fort: „Würde Jelzin, der gegenwärtige Präsident Rußlands, uns Ostpreußen mit Königsberg zurückgeben wollen, so wäre es für das nationale Lager keine Frage, dies von Herzen zu begrüßen, auch wenn Jelzin Peter den Großen, der zur Erreichung seiner Ziele über Leichen gegangen ist, ausdrücklich als sein großes Vorbild bezeichnet, auch wenn er in anderen Fragen der inneren Gestaltung Rußlands oder der äußeren Beziehungen seines Landes zu fremden Völkern und Staaten

Schritte unternähme, die einem deutschen Nationalfreiheitlichen nicht gefallen."

Alles Vorgenannte gelte natürlich auch für die Beziehungen zu Schirinowskij. Das nationalfreiheitliche Lager Deutschlands sei „weder Amme noch Siamesischer Zwilling" dieses russischen Politikers und seiner Bewegung. Auch sei es nicht die Pflicht des rechten Lagers Deutschlands, sich fremde Köpfe wegen Schirinowskij zu zerbrechen, also die nationalen Interessen anderer zum Wertmaßstab zu erheben – „so sehr wir selbstverständlich von Weltanschauung und Gefühl her jedem Volk der Welt wünschen, daß es ausschließlich nach seiner Fasson selig werden möge". Schon gar nicht solle man sich zum Fürsprecher weltmachtpolitischer Erwägungen anderer gegen Rußland machen oder sich in die Einzelheiten dessen verlieren, wie ein in freier Wahl von den Russen zum Präsidenten bestimmter Schirinowskij die inneren Angelegenheiten Rußlands zu gestalten trachtet. Furchtbar sei der Wahn, daß am deutschen Wesen die Welt genesen möge. „Deutsche Politiker haben die Pflicht gemäß Amtseid des Grundgesetzes, in erster Linie zu prüfen, ob russische Politik in Fragen, die uns als Deutsche direkt angehen, gut oder schlecht ist", forderte die DWZ.

Wer eine völlige gesellschafts-, innen- und außenpolitische Deckungsgleichheit der Grundüberzeugungen des deutschen nationalen Lagers und der Schirinowskij-Bewegung zur Voraussetzung oder eine totale Interessengleichheit Deutschlands und Rußlands im allgemeinen zu einer Bedingung erhebe, ohne die nichts möglich sei, der sei bestenfalls Illusionist, schlimmstenfalls Saboteur der deutschen Sache. „Politik als Kunst des Möglichen – so sah es bekanntlich Bismarck", schloß die Deutsche Wochen-Zeitung den Beitrag. „Dies sollte vor allem für die Außenpolitik gelten."

„Polit-Rambo will Großdeutschland"

In seiner Ausgabe Nr. 6/1994 konnte der „Spiegel" die Tinte vor Aufregung nicht mehr halten, daß Schirinowskij nun auch bei seinem Besuch in Bosnien, „die Achse Moskau–Berlin propagiert" habe. Was der Russe „wirklich will", umriß das Augstein-Blatt mit folgenden Worten: „Schirinowskijs Offerte ist die Neuauflage des Versuchs, germanisch-slawische Einflußsphären abzugrenzen. Das Angebot lautet: Großdeutschland annektiert wie vor 55 Jahren die Tschechische Republik, entreißt den Polen Schlesien, Pommern und Westpreußen, holt sich Österreich und Slowenien (Adria-Zugang) und erhält als russische Mitgift auch noch Kaliningrad, das einstige Königsberg, zurück."

Damit der Leser ja nicht auf den Geschmack kommen könne, dieses Szenario zumindest teilweise für attraktiv zu halten, brachte der „Spiegel“ noch folgende „Aufklärung“ über Schirinowskij: Im Suff habe er das Hotelmobiliar zerschlagen, dann habe der „Irrwisch“ und „Polit-Rambo“ mit einer neuen Waffe gedroht, die „mit Schalleffekt tötet“, außerdem umgebe den russischen Politiker „ein dichtes Netzwerk aus finsteren Mafiagestalten und politischen Desperados“.

Dr. Frey selbst schrieb in der National-Zeitung vom 25. Februar 1994 unter der Schlagzeile „Schirinowskijs Deutschland-Plan“: „Daß die russische Politik einst wie heute – und zwar praktisch in allen Parteien – sich als Hüter der Interessen Serbiens sieht, die deutsche Politik früher wie jetzt auf Kroatien und Slowenien ausgerichtet ist, bleibt eine Tatsache, die kein Unglück zu sein braucht, wenn sie zu den möglichen und notwendigen Kompromissen führt. Keine Seite ist berufen, die andere zu dominieren oder auch nur zu belehren . . . Daß im übrigen Auseinandersetzungen russischer Politiker oft von rabiat ausartenden Wortgefechten begleitet sind, die mehr an schwere Säbel denn an Florett erinnern, muß man als Tatsache zur Kenntnis nehmen ebenso wie den Umstand, daß in Bonn auf allen Seiten ein dem Volk völlig verfremdetes gleichförmiges Politikerkauderwelsch ‚gepflegt‘ wird.“

Schirinowskijs Deutschland-Plan, schriftlich festgehalten u. a. durch die Einzeichnungen auf der Karte des Diplomaten Gauffin, der vordem selbst Botschafter in Moskau war, würden von einer auf dem Verhandlungsweg erzielbaren, ganz und gar friedlichen Revision der Oder-Neiße-Linie ausgehen, fuhr Frey fort. „Die deutschen Ostgebiete haben Warschau bekanntlich wahrhaftig keinen Segen gebracht. Schirinowskijs Deutschland-Plan schreibt eine alte, traditionell prodeutsche Politik in Moskau bzw. Petersburg neu fest.“

Zur Anti-Schirinowskij-Kampagne meinte der DVU-Vorsitzende: „Es mag Kreise in der ‚westlichen Wertegemeinschaft‘ geben, die Schirinowskij als Popanz und Monster aufbauen, etwa um die Rüstungsindustrie zu beleben, ein neues Feindbild zu schaffen und zum kalten Krieg zurückzukehren, bei dem uns dann ein großer Graben von unserem alten Freund Rußland trennen müßte. Anders ist ein Maximum an Hetze und Verteufelung kaum zu erklären, wobei regelrecht auf eine Verblödung der Massen gesetzt wird, für die Stalinismus gleich Kommunismus gleich Rußland sein soll. Die deutschen Interessen aber verlangen kategorisch, immer wieder in Ost und West den ernsthaften Versuch zu machen, die elementaren Anliegen unseres Volkes verantwortlichen Politikern als mit ihren eigenen Interessen gut vereinbar vor Augen zu führen."

Prodeutsche Einstellung bestätigt

In einem im März 1994 erschienenen Inverview bestätigte Anatolij Michailowitsch Iwanow, einer der heftigsten Kritiker Schirinowskijs aus den Reihen der politischen Rechten Rußlands, die prodeutsche Einstellung des Führers der Liberal-Demokraten. Die entsprechende Interview-Stelle lautete: „Wie beurteilen Sie die Einstellung Schirinowskijs gegenüber den Deutschen?" Iwanow: „Er ist nicht gegen die Deutschen gestimmt. In Passau versprach er seinem Freund Dr. Frey die Rückgabe Ostpreußens. Von antideutschen Ausfällen, wie sie in der deutschen Presse über Schirinowskij verbreitet werden, ist dem russischen Leser nichts bekannt. In Rußland gilt Wladimir Wolfowitsch als Freund Deutschlands."
In mehreren Interviews mit National-Zeitung und Deutscher Wochen-Zeitung sowie in einem Grundsatzbeitrag aus seiner Feder, den die Zeitungen Dr. Freys am 4. März 1994 veröffentlichten, betonte Schirinowskij erneut, daß er den engen Schulterschluß von Deutschen und Russen anstrebe. Und er erläuterte seine Absichten in der russischen Innenpolitik für den Fall seiner Präsidentschaft: Die Mafia „mit ganzer Härte zusammenschlagen", eine Sozialpolitik, die Anleihen sowohl bei den sozialpolitischen Maßnahmen Bismarcks nehme als auch beim Konzept der sozialen Marktwirtschaft von Professor Ludwig Erhard, eine „ausgewogene Mischung von Staats- und Privatwirtschaft". Außerdem prophezeite Schirinowskij die Rückkehr Rußlands als Großmacht auf der Weltbühne.

Wie sich Schirinowskij juristisch wehrt

In der National-Zeitung vom 4. März 1994 erschien auch ein Interview, das die Moskau-Korrespondentin Tamara Valentin mit Schirinowskijs Rechtsanwalt Sergej Walentinowitsch Beljak geführt hatte. Auszüge:
„National-Zeitung: Als Schirinowskij bei der Präsidentschaftswahl kandidierte, hat Jegor Jakowlew, der Chefredakteur von ‚Moscow News', ihn und seine Partei als KGB- und KPdSU-Geschöpf bezeichnet. Beljak: Als Antwort auf diese Beschuldigungen hat Schirinowskij – ähnlich den heutigen Stasi-Anfragen in Deutschland – einen Antrag auf Aufklärung etwaiger KGB-Beziehungen gestellt. Die offizielle Auskunft lautete, daß ‚im KGB der UdSSR keine Materialien vorhanden sind, welche Ihre Zusammenarbeit mit

den Organen der staatlichen Sicherheit bezeugen‘. National-Zeitung: In der Presse kann man lesen, daß Schirinowskij wegen Kriegspropaganda angeklagt werden soll. Beljak: Diese Beschuldigungen sind ein rein politisches Spiel seiner Gegner. Schirinowskij hat schon etwa vierzig Klagen eingereicht und praktisch alle gewonnen. Den Prozeß gegen die Moskauer Zeitschrift ‚Stoliza‘ (‚Die Hauptstadt‘), die sein Foto mit Hitlers Bild auf der Titelseite veröffentlichte, sowie gegen deren Chefredakteur hat er auch gewonnen. Das Gericht hat anerkannt, daß solche Vergleiche nicht zulässig sind. Herr Schirinowskij hat auch Schadenersatz bekommen, und die Zeitschrift mußte eine Entschuldigung veröffentlichen. Nach dem letzten Prozeß, den wir gegen die Zeitung ‚Moscow Garden‘ gewonnen haben, muß uns die Zeitung zehn Millionen Rubel (etwa 15000 Mark) bezahlen. Der amerikanische ‚Moscow-Garden‘-Chefredakteur, Billy Rogers, hatte einen Artikel geschrieben, in welchem er Herrn Schirinowskij als Faschisten bezeichnet hatte. Jetzt läuft ein Prozeß gegen die Zeitung ‚Moscow Tribune‘ wegen Verleumdung. Diese russische Zeitung, welche in englisch hier und im Ausland erscheint, hat geschrieben, daß Schirinowskij ein Faschist sei, daß in seiner Partei die Leute eine SS-Uniform mit Hakenkreuz und schwarze Stiefel tragen würden. Sie schrieb, daß sie offen Maschinenpistolen tragen und mit Gewehrschlössern rasseln. National-Zeitung: Welche Prozesse laufen im Moment sonst noch? Beljak: Jetzt läuft der Prozeß gegen den ehemaligen Ministerpräsidenten, später Vizepremier Jegor Gajdar – Vorsitzender der Fraktion ‚Rußlands Wahl‘ in der Duma –, der während des Wahlkampfes Schirinowskij mit Hitler verglich. Herr Schirinowskij hat Herrn Gajdar verklagt. Schirinowskij hat Recht bekommen.“

Präsident Clinton sucht den Kontakt

Schockiert waren Meinungsmacher – als Opfer ihrer eigenen Propaganda – schon Anfang des Jahres 1994, daß Schirinowskij im russischen Parlament keineswegs völlig geächtet und isoliert war, wie man weismachen wollte, sondern seine Vertrauten in eine Reihe von Schlüsselpositionen gewählt wurden. Um Fassung ringend, hatte die Hamburger „Zeit“ am 4. Februar 1994 notiert: „In der Staatsduma, dem Unterhaus des neugewählten Parlaments, führt Schirinowskijs rechtsextreme Partei fünf Ausschüsse an.“

Einen noch herberen Schlag erhielten die bundesdeutschen Meinungsmacher versetzt, als es dem „isolierten, geächteten“ Schirinowskij Ende Februar 1994 gelang, im russischen Parlament annähernd eine Dreiviertelmehrheit hinter sich zu bringen. „Aus Gründen der nationalen Versöhnung", so Schirinowskij, hatte er den Antrag gestellt, die Anführer der Umsturzversuche vom August 1991 und Oktober 1993 zu amnestieren. Die überwältigende Mehrheit der russischen Parlamentarier, sogar etliche aus dem Jelzin-Lager, stimmten der Schirinowskij-Initiative zu. Es war „der wohl größte innenpolitische Erfolg der jüngsten Zeit für Schirinowskij", greinte der Berliner „Tagesspiegel" am 2. März 1994.

Dann aber kam es für Medien der Bundesrepublik knüppeldick; besonders für jene, die dem DVU-Vorsitzenden Frey wegen seiner Kontakte zu Schirinowskij Verrat am Bündnis mit den US-Amerikanern vorgeworfen hatten. Am 8. März tickerte die Deutsche Presseagentur (dpa) den Redaktionen bundesrepublikanischer Blätter folgende Nachricht zu: „Die US-Regierung versucht, mit Hilfe des früheren Präsidenten Richard Nixon nähere Eindrücke von dem russischen Nationalistenführer Wladimir Schirinowskij zu gewinnen. Wie eine Sprecherin des Außenministeriums gestern in Washington mitteilte, sei ein beabsichtigtes Treffen Nixons mit Schirinowskij in Moskau mit dem Ministerium und dem Weißen Haus abgesprochen. Washington sei an den Eindrücken Nixons von Schirinowskij interessiert."

Kann es vom Teufel sein, daß Frey Kontakte zu Schirinowskij unterhält, wenn dies der Präsident der Vereinigten Staaten von Amerika unter Einschaltung eines seiner Amtsvorgänger ebenso tut? Um diese berechtigte Frage so wenig wie möglich zu provozieren, brachte die etablierte bundesdeutsche Presse entweder gar nichts zum Treffen Nixon–Schirinowskij oder allenfalls Miniaturmeldungen. Auch das hiesige Fernsehen würdigte das Ereignis kaum. Und die „Bild"-Zeitung, sonst immer mit donnernden Schlagzeilen beim Thema Schirinowskij präsent, meldete nur dürr am 16. März 1994: „Ex-US-Präsident Richard Nixon traf in Moskau den russischen Rechtsextremisten Wladimir Schirinowskij. Das Gespräch fand in einem Hotelzimmer statt. Thema waren russisch-amerikanische Beziehungen. Nach dem Gespräch übergab Schirinowskij Nixon ein Schreiben an US-Präsident Bill Clinton. Über den Inhalt ist nichts bekannt."

Desorientierte Meinungsindustrie

Die nun auch hochoffizielle Kontaktaufnahme des Weißen Hauses zu Schirinowskij verwirrte bundesdeutsche Meinungsmacher, die ihren eigenen Märchen vom „bösen Wolf" geglaubt hatten. Nun gingen die Schlagzeilen plötzlich mehr in Richtung auf: „Wladimir Wolfowitsch hat Kreide gefressen"

Washington für Treffen Nixons mit Schirinowski

Washington (dpa) Die US-Regierung versucht, mit Hilfe des früheren republikanischen Präsidenten Richard Nixon nähere Eindrücke von dem russischen Nationalistenführer Wladimir Schirinowski zu gewinnen. Wie eine Sprecherin des Außenministeriums gestern in Washington mitteilte, sei ein beabsichtigtes Treffen Nixons mit Schirinowski in Moskau mit dem Ministerium und dem Weißen Haus abgesprochen.

Nixon traf Russen-Hitler

Ex-US-Präsident **Richard Nixon** (83) traf in Moskau den russischen Rechtsextremisten **Wladimir Schirinowski** (47). Das Gespräch fand in einem Hotelzimmer statt. Thema waren russisch-amerikanische Beziehungen. Nach dem Gespräch übergab Schirinowski Nixon ein Schreiben an US-Präsident **Bill Clinton.** Über den Inhalt ist nichts bekannt.

Jelzins Pakt mit Schirinowskij

Neue Machtverteilung

Umstrittenes Abkommen Jelzins

Verkündung eines Burgfriedens in Russland

«Vertrag über die Eintracht in der Gesellschaft» unterzeichnet

Als Clinton über den ehemaligen Präsidenten Nixon im März 1994 Kontakt zu Schirinowskij suchte, brach für zahlreiche Fanatiker der „westlichen Wertegemeinschaft" in der Bundesrepublik eine Welt zusammen. Auch daß Präsident Jelzin Ende des darauffolgenden Monats ein Abkommen mit Schirinowskij schloß, konnten diese Kreise kaum fassen, wie zum Beispiel die Einleitung des entsprechenden „Spiegel"-Berichts (rechts) zeigt.

Rußland

Schuß in die Brust

Aus einer Koalition gegen den National-Sozialisten Schirinowski wurde ein Friedensabkommen – mit Schirinowski.

(Stuttgarter Zeitung, 14. März 1994). Auch an Schirinowskijs Warschau-Besuch Mitte März 1994 fanden plötzlich deutsche Medien einigermaßen Gefallen. Zumal er dort „endlich" einmal weniger „ärgerliche" prodeutsche Einlassungen von sich gegeben hatte. Wohlgelaunt schrieben nun bundesrepublikanische Medien, Schirinowskij habe einen „Slawischen Bund von 400 Millionen Menschen" proklamiert und in Tannenberg an den „polnisch-russischen Sieg über die Deutschen" des Jahres 1410 erinnert. Und am 21. März 1994 brachten die meisten bundesdeutschen Tageszeitungen eine Reuter-Meldung, die den obersten Bösewicht der Welt als eher moderaten Politiker erscheinen ließ. Es hieß unter der Schlagzeile „Schirinowskij ruft Anhänger zur Mäßigung auf", der Führer der Liberal-Demokraten habe an seine Leute appelliert, „weder zu Gesetzesverstößen noch zum Sturz der gegenwärtigen Führung aufzurufen". Die Parteimitglieder mögen auf die Präsidentenwahlen im Jahre 1996 hinarbeiten, wobei er zuversichtlich sei, dann Boris Jelzin besiegen zu können.

Die Kampagne geht wieder weiter

Doch dauerte es nicht lange, bis die hiesige Medienindustrie wieder zu alter Form auflief. Daß in einer Sendung des russischen Fernsehens, die im Stil der Pro & Contra-Serie der ARD abläuft, Schirinowskij beim Publikum im Streitgespräch mit dem KP-Chef Sjuganow klar gewinnen konnte, beschrieb die „taz" am 18. März mit folgenden Worten: „Die Gestalt Schirinowskij scheint aus dem Sand geheimdienstlicher Spielkästen entstanden zu sein, wie einst der Golem aus dem Lehm des Prager Ghettos. Bei den Zuschauern im Saal hatte seine Methode Erfolg: Sjuganow verlor die Hälfte der ihm zu Beginn gespendeten Sympathie-Punkte, während Schirinowskijs verschlagene Dreistigkeit den Sieg davontrug."

Als dann Schirinowskij im Gespräch mit der National-Zeitung, veröffentlicht am 25. März 1994, erneut verdeutlichte, daß er „ewige Freundschaft" mit den Deutschen suche, man „auch über Königsberg reden und eine Lösung finden kann, wenn es zur von mir erstrebten deutsch-russischen Partnerschaft" komme, er eine „deutsch-russische Verteidigungsgemeinschaft" befürworte, die „das Heldentum deutscher und russischer Soldaten" vereinige, und auch eine deutsch-russische Wirtschaftsgemeinschaft ins Spiel brachte, wirkte dies wie ein Startzeichen zu einer erneuten massiven Propagandakampagne in bundesrepublikanischen Medien.

So wartete die „Bild" am 29. März 1994 mit der titelseitigen Schlagzeile auf:

„Russen-Hitler: Putsch-Angst in Moskau." Angeblich wolle Schirinowskij Jelzin wegputschen: „Eine Gefahr für Rußland und die ganze Welt." Wie wenig wirklich dahintersteckte, deutete eine dpa-Nachricht an: „Der Moskauer Journalist Gleb Pawlowski hat sich als Urheber von Putschgerüchten gegen Jelzin bekannt. Er erklärte, der Bericht sei vermutlich gestohlen und ohne sein Wissen der Moskauer Wochenzeitung ‚Obschtschaja Gaseta' zugänglich gemacht worden. Pawlowski, Chefredakteur der Zeitschrift ‚Das 20. Jahrhundert und die Welt', zeigte sich überrascht, welchen Wirbel der Artikel ausgelöst hatte. Er habe lediglich allgemein zugängliche Informationen zusammengestellt."

Im März 1994 ließ dann der Westdeutsche Rundfunk (WDR), die von Zwangsgebühren der Deutschen lebende größte ARD-Anstalt, den Film „Schirinowskij – Sein Kampf" drehen, der in Rekordzeit fertiggestellt und am 5. April gesendet wurde. Der Inhalt, kurz und bündig: Bundesnachrichtendienst und US-Geheimdienst sollen durch eine Mordaktion Schirinowskij ausschalten, um die Menschheit vor dem „Russen-Hitler" zu retten. Als den angeheuerten Killer doch noch Skrupel befallen, wird er von einer BND-Mitarbeiterin in herzzerreißenden Worten über das traurige Schicksal ihres Vaters im NS-KZ Mauthausen aufgeklärt. Wer entsichert da nicht seine Feuerwaffe?

Die Geschichte von Schirinowskij als Edelstein

Daß DVU-Vorsitzender Frey Anfang April 1994 auf Einladung Schirinowskijs am Parteitag der Liberal-Demokraten in Moskau teilnahm und dort eine Rede hielt, spiegelte sich in Schlagzeilen der bundesdeutschen etablierten Medienindustrie wie folgt wider: „Radikalen-Chef Frey bei Russen-Hitler" oder: „Russen-Hitler und DVU-Frey – ein braunes Herz und eine braune Seele." „Bild": „Mit noch großrussischeren und antiamerikanischeren Sprüchen überholte den Russen-Hitler nur der Chef der Deutschen Volksunion (DVU), Gerhard Frey: ‚Die Belange in Rußland gehen nur die Russen etwas an, keiner hat das Recht, sich einzumischen.' Frey weiter: ‚Russische Seele und deutsches Gemüt machen beide unzertrennbar.'"

Parallel dazu blies die Meinungsindustrie eine Behauptung auf, die schon längere Zeit in unterschiedlichsten und sich meist heftig widersprechenden Meldungen durch Presse, Funk und Fernsehen gegeistert war: Daß nämlich Schirinowskij jüdischer Herkunft sei, daß er einen jüdischen Vater habe, dessen Name „Eidelstein" oder „Edelstein" gewesen sei.

Während die FAZ immerhin noch mit Fragezeichen operierte: „Hieß Schirinowskij einst Edelstein?“, gingen andere Medien hemmungsloser an die Sache: „Schirinowskij hieß früher Eidelstein“ (Bild), „Eidelstein wurde Schirinowskij“ (Münchner Merkur), „Antisemit mit jüdischem Vater“ (Weser-Kurier). Als sich auch noch der jüdische Zentralratsvorsitzende Ignatz Bubis in die Kampagne hängte, gab es erneut ein Schlagzeilengewitter. Beispiel: „Bubis outet Schirinowskij: Russen-Hitler ist ein Jude“ (Mittelrheinische Morgenpost, 17. April 1994).
Dazu schrieb die National-Zeitung am 22. April 1994: „Ist Wladimir Schirinowskij Jude? Oder ist er Antisemit? Ist er am Ende beides, also antisemitischer Jude bzw. jüdischer Antisemit? Ist er Antisemit, ohne Jude zu sein? Oder ist er weder noch? Mit rasendem Tempo wechseln sich widersprüchliche Medienmeldungen über den Vorsitzenden der stärksten politischen Kraft Rußlands ab. Nicht selten liest man im selben Blatt auf der Titelseite die eine Version und im Innenteil die entgegengesetzte. Alles verbreitet mit dem Anspruch ‚zuverlässiger Information‘.“
Das kenne man, seit Schirinowskij im Dezember des Vorjahres seinen Wahltriumph habe feiern können und klargeworden sei, daß er die Kreise „gewisser Mächtiger und ihrer Büttel in der Meinungsmache“ störe: „Da ist Schirinowskij auf der Titelseite der superfaschistische ‚Russen-Hitler‘ und im Innenteil desselben Blattes ‚verkappter Kommunist, ein Mann des KGB‘. Da ‚vernascht‘ er titelseitig mit einer Potenz, die selbst Casanova und August den Starken vor Neid erblassen ließen, ‚reihenweise Weiber‘, um dann – blättert man etwas weiter – als Homosexueller ‚geoutet‘ zu werden. Da ist er in der Schlagzeile vorne ein Nuklearmonstrum, das die Deutschen atomisieren will, und im ‚Hintergrundbericht‘ des Zeitungs-Innenteils ein Fiesling, der gemeinsam mit den Deutschen die Weltherrschaft anstrebt, um mit den Germanskis globales Fifty-Fifty zu machen. Zusammengefaßt: Ein kommunistischer Nazi, der als Schwuler hinter jedem Rock her ist und mit den Deutschen, nachdem er sie ausgerottet hat, zur Eroberung der Welt losmarschiert.“

Hintergründe der „Juden-Story“

Wo alle Register der „Volksaufklärung und Propaganda“ gezogen würden, da dürfe das jüdische Thema nicht fehlen: Aus Angst vor dem „bösen Antisemiten“ Schirinowskij würden die Juden in Rußland „auf gepackten Koffern sitzen“, werde die bundesdeutsche Öffentlichkeit geschockt. Während die „Zeit“ mit der Enthüllung aufwarte, Schirinowskij habe unter jüdischen

Bubis: Schirinowski war KGB-Offizier

Der in Nürnberg hingerichtete Frank läßt diese Möglichkeit offen

War Adolf Hitler ein Vierteljude?

Antisemitismus bedingt aus einer »blutempörten Verwandtenhaß-Psychose«

NÜRNBERG, 19. Dez. — Viel ist in den vergangenen 25 Jahren an der Abstammung Hitlers herumgerätselt worden. Jetzt wird eine Aufzeichnung des ehemaligen Reichsministers und Generalgouverneurs von Polen, Hans Frank, bekannt, die die Möglichkeit offen läßt, daß Hitler Vierteljude war und sein fanatischer Antisemitismus als Verwandtenhaß-Psychose verstanden werden muß.

Mit „sensationellen Enthüllungen" über Wladimir Schirinowskij wartete auch der jüdische Zentralratsvorsitzende Ignatz Bubis auf. Die Behauptungen hatte er von einem US-Fernsehsender übernommen. Selbst Hitlers angebliche jüdische Herkunft war für bundesdeutsche Medien schon schlagzeilenreif. Das obige Faksimile zeigt als Beispiel dafür einen Bericht der Nürnberger Zeitung vom Dezember 1970. Rechts Schirinowskij als Kind.

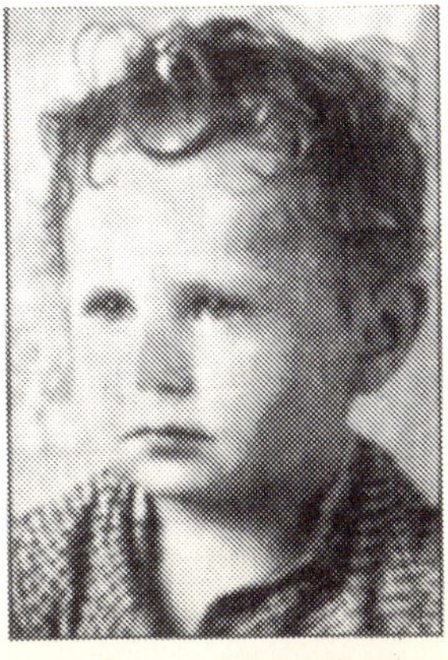

Wählern besonders starken Zuspruch erfahren; zum Beispiel in Birobidschan, der seinerzeit von Stalin gegründeten „autonomen jüdischen Provinz“ an der Grenze zu China. Bei der Verbreitung der jüngsten „Sensationsmeldungen“ über „Schirinowskij als Jude“ falle auf, fuhr die National-Zeitung fort, daß sie einerseits vom jüdischen Zentralratsvorsitzenden kolportiert und andererseits „von extrem Rechten, die – in wessen Auftrag und Interesse auch immer – sich einbilden, dadurch den Nationalfreiheitlichen um Dr. Frey schaden zu können“, multipliziert würden. Bemerkenswert sei, „welche Finger an ein- und derselben Schraube drehen“.

Der Ursprung der „Sensationsmeldungen“: Die Sache wuchs auf dem Mist des US-Senders CNN, der schon im Golfkrieg entscheidend beigetragen hatte, die westliche Öffentlichkeit zu narren. Rechercheure dieses Senders wollten in Alma Ata, Hauptstadt des asiatischen Kasachstan, ein „Originaldokument“ aufgestöbert haben, das allerdings noch nicht einmal datiert ist. Diesem „Dokument“ zufolge heiße Schirinowskij „eigentlich“ Eidelstein oder Edelstein und sei Sohn eines Juden. Erst 1964 sei der Führer der Liberal-Demokraten zu „Schirinowskij“ mutiert.

Die „Neue Zürcher Zeitung“ wies in ihrem Artikel vom 9. April 1994 darauf hin, daß „im heutigen Rußland und in Kasachstan dergleichen Dokumente gekauft werden können; bestechlich ist fast jeder“. Das wüßten die Russen am besten, weshalb sie nicht viel auf solche „Beweise“ geben würden. Es werde Schirinowskij nicht schwerfallen, solche „Dokumente“ als Falsifikate darzustellen und seine politischen Gegner dunkler Machenschaften zu beschuldigen. „Vielleicht wird er das Ganze sogar als eine zionistische, womöglich in den USA ausgeheckte Verschwörung bezeichnen und so Profit aus der Affäre schlagen“, schrieb das Schweizer Blatt mit kühlerem Kopf als bundesdeutsche Organe.

Dr. Frey und der „Ariernachweis“

In der National-Zeitung des 22. April hieß es ergänzend: „So weit Dr. Frey, der Mann außerhalb Rußlands, der Schirinowskij am besten kennen dürfte, und die Redaktionen der nationalfreiheitlichen Wochenpresse wissen, entstammt Wladimir Schirinowskij der zweiten Ehe der Alexandra Pawlowna Makarowa mit dem Rechtsanwalt Schirinowskij. Schirinowskijs Vater starb im Jahre der Geburt Wladimirs, 1946, bei einem Autounfall. Wladimir Schirinowskij wurde vor allem von seiner älteren Schwester Wera erzogen. Sie und ihre Schwestern Nadescha (Nadja) und Ljuba (Ljubow) erhielten ihre

Namen nach alter russisch-orthodoxer Tradition (‚Hoffnung, Glaube, Liebe‘).“ Wie Frey betonte, habe eine jüdische Ahnenforschung in den politischen Gesprächen mit Schirinowskij keine Rolle gespielt. Man werde doch wohl nicht von ihm erwarten, daß er von seinen Gesprächspartnern einen „Ariernachweis“ verlange. Er habe Schirinowskij erst dann privat auf diesen Komplex angesprochen, nachdem die Sache in der veröffentlichten Meinung des Westens großen Wirbel ausgelöst hätte.

Und wenn er „es“ doch wäre?

Und die National-Zeitung betonte: „Tatsächlich haben Dr. Frey und seine Blätter die Beurteilung eines Politikers nie davon abhängig gemacht, ob er jüdischer Herkunft ist oder nicht. Von allen Nachkriegskanzlern der Bundesrepublik Deutschland und Österreichs fand wohl Kreisky die wohlwollendste Berichterstattung in der National-Zeitung. Nicht obwohl, auch nicht weil er jüdischer Herkunft war, sondern weil er oft einen vom deutschen Standpunkt lobenswerten Kurs fuhr. Von allen US-Präsidentschaftsbewerbern wurde in der National-Zeitung wohl Barry Goldwater am positivsten dargestellt. Nicht obwohl oder weil er jüdische Ahnen hatte, sondern weil er sich prodeutsch äußerte und verhielt. National-Zeitungs-Mitarbeiter wie Moshe Menuhin und Großrabbiner Dr. Goldstein oder Rechtsberater wie Dr. Michael Stern zog Dr. Frey nicht heran, obwohl oder weil sie jüdisch waren, sondern wegen ihrer hervorragenden Qualifikation und ihrer prodeutschen Einstellung.“

Selbst wenn Schirinowskij tatsächlich in der soundsovielten Generation jüdisch sei, selbst wenn er direkt von Moses abstammen würde, selbst wenn der Begründer des Zionismus, Theodor Herzl, in seiner Ahnengalerie stünde und Golda Meir Schirinowskijs Großmutter wäre – „entscheidend ist, daß der mutmaßliche nächste Präsident des stärksten abendländischen Volkes und des größten Staates der Erde mit Deutschland ein anständiges, ein gutes, ja ein herzliches Verhältnis anstrebt – zum Nutzen beider Seiten“.

„Man gehe mit Logik an die Sache“, schrieb die National-Zeitung am 6. Mai 1994. „Seit fast drei Jahren, als es ihm gelang, bei der Präsidentschaftswahl in Rußland am drittbesten abzuschneiden, steht Schirinowskij im Rampenlicht der Weltöffentlichkeit. Seit einem halben Jahr, als er es schaffte, zum Chef der stärksten politischen Partei aufzusteigen, ist er in aller Welt bekannter als der sprichwörtliche bunte Hund. Hätte er wirklich bis gegen Mitte der 60er Jahre ganz anders geheißen, nämlich Eidelstein: schon längst wären Dutzende, ja Hunderte Leute als Kronzeugen aufgetreten, die ihn noch unter dem jüdi-

„Die Welt soll vor US-Militär zittern“

rtr/ADN **Washington** – Die Welt soll vor der US-Militärmacht erzittern – auch nach den drastischen Rüstungseinsparungen, die Washington verfügt hat. Diese Auffassung hat US-Generalstabschef Colin Powell vertreten. Der Vier-Sterne-General sagte in Washington: „Ich möchte, daß jeder tödliche Angst vor uns hat.“ Er meine das aber nicht in einem kriegerischen, sondern in einem friedlichen Sinne. Starke Streitkräfte seien „beruhigend für unsere Freunde und ein Schrecken für unsere Feinde“.

Die von Präsident Bush anvisierten Einsparungen von rund 50 Milliarden Dollar sollten daher nicht vom Kongreß erhöht werden. Die US-Streitkräfte müßten in der Lage sein, in zwei verschiedenen Regionen gleichzeitig auftretenden Spannungsfällen zu begegnen, sagte der höchste US-Offizier. Der Zerfall der Sowjetunion und der Bankrott ihres Wirtschaftssystems habe die Vorwarnzeit für einen Angriff aus dem Osten ins Unendliche verlängert. „Heute sprechen wir von Jahren, Jahrzehnten, einer Generation“, meinte Powell. Die Vorbereitung eines Angriffs würde solange dauern, daß die USA genug Zeit zur Reaktivierung ihrer demobilisierten Truppen und der eingemotteten Waffen haben.

Clinton betont US-Führungsrolle

Notfalls Alleingang bei UNO-Operationen

99 Interventionen seit 1945!

Frankreich hat sein 4000 Mann starkes Truppenkontingent in der einstigen Kolonie Dschibuti um 250 Soldaten erhöht. Sie werden wahrscheinlich auf der Seite der herrschenden Militärs gegen die Aufständischen des Afar-Volkes eingesetzt. Damit hat sich die Zahl der französischen militärischen Interventionen im Ausland seit 1945 auf – zurückhaltend gerechnet – 99 erhöht. Die 98. Intervention der Nachkriegszeit spielte sich voriges Jahr auf der Insel im Indischen Ozean Reunion ab, die 97. beim Golfkrieg, die 96. zuvor im Tschad, die 95. in der Zentralafrikanischen Republik. Gleichzeitig geistert das Bild vom notorisch militaristischen Deutschland durch Frankreichs Schulgeschichtsbücher und Medien.

Das strategisch wichtige Dschibuti, gelegen im östlichen Afrika, am Ausgang des Roten Meeres zum Indischen Ozean, ist 23200 Quadratkilometer groß und hat etwa 420000 Einwohner. 94 Prozent sind Moslems. Staatssprachen sind das Arabische und das Französische. Dschibuti wurde 1977 auf dem Papier unabhängig.

Machtwechsel im Weißen Haus

Weltpolitische Führungsrolle der USA auch unter Clinton

WASHINGTON (kdf) Die neue Weltordnung, die Präsident Bush nach dem Ende des Kalten Krieges bestenfalls konturierte, aber nur mit vagen Inhalten füllte, enthält zumindest zwei Gewißheiten: Die Welt ist an Risiken nicht ärmer geworden; und die Vereinigten Staaten sind die einzig verbliebene Supermacht, die, unbeschadet des Verlangens nach innerer Erneuerung, zur globalen Projektion ihrer Macht(-mittel) weiterhin fähig ist. Daß die Aussicht auf Eindämmung von Krisen noch immer mit der Bereitschaft Amerikas zusammenhängt, sich militärisch zu engagi-
ren, zeigen - im ersten Fall auf bedrückende Weise - der Krieg in Bosnie
Hercegovina, die “Operation Neue Hoffnung” in Somalia und die En
schlossenheit, Verletzungen der UN-Resolutionen durch den Irak nic

Bill Clinton (links), der am 20. Januar das höc ste Staatsamt der USA von George Bush (recht übernimmt und damit zum mächtigsten Mann d Welt wird.

Wenn der US-Generalstabschef verkün det, die ganze Welt möge vor den Vereinig ten Staaten von Amerika zittern (das Faksi mile ganz oben gibt einen Bericht de Hamburger Abendblattes vom 6. Februa 1992 wieder), oder wenn der neugewählt Präsident der USA, wie auch seine Vorgän ger, den globalen Führungsanspruch er hebt, (wörtlich: „Amerika muß die Welt füh ren“), so scheint dies für bundesdeutsch Medien ganz normal zu sein. Wehe abe wenn Schirinowskij so von Rußland sprä che! Wie Westmächte ihre Interesse rücksichtslos durchsetzen, zeigt die DWZ Meldung links aus dem Jahre 1992.

schen Namen gekannt haben mußten, und sie hätten ihr Wissen ausgepackt. Seit drei Jahren reisen westliche Journalisten mit Scheckbüchern auf den Spuren Schirinowskijs zwischen Sankt Petersburg und Wladiwostok hin und her, um ‚sensationelle Enthüllungen' über den wohl am heftigsten umstrittenen und interessantesten Politiker des Erdballs herauszukriegen. Und nicht ein einziger Zeuge für die Eidelstein-Story soll sich gemeldet haben?"
Man habe fast den Eindruck, die Anti-Schirinowskij-Medien würden glauben, mit der „Enthüllung", der russische Politiker sei „eigentlich Jude", das schärfste Geschütz gegen ihn auffahren zu können, nachdem die Tricks, er sei ein perverser Frauenschänder oder ein sadistischer Tierquäler oder ein Nuklearmonstrum oder die Wiedergeburt des Adolf Hitler offenbar nicht funktioniert hätten. „Will man mit den Schlagzeilen über ‚Schirinowskij als Jude' eigentlich zum Ausdruck bringen, daß dies das Allerschlimmste sei? Hofft man auf antisemitische Ressentiments? Soll diese ‚Enthüllung' der Darstellung ‚Schirinowskij, das Scheusal' den letzten Schliff geben?", fragte die National-Zeitung.

Ganz Moskau voller „Russen-Hitler"?

Anfang April 1994 hatte sich auch Otto von Habsburg in die Debatte eingeschaltet: Ob unter den Zaren, einer bolschewistischen Diktatur oder unter einem „angeblichen Reformer" (Jelzin) – Rußland verfolge stets denselben machtpolitischen Kurs. Auch die heutige Politik Moskaus, „von Schirinowskij über Kosyrew (Jelzins Außenminister) bis zur gesamten Generalität" sei darauf eingestellt, die Länder des einstigen sowjetischen Machtbereichs zurückzuerobern. Was man dagegen tun könne? Otto von Habsburg: „Man sollte endlich bei uns feststellen, daß die Russen noch jedes Mal ihr Wort gebrochen haben . . . Rußland, das sollte man endlich erkennen, ist nicht glaubwürdig. Es unterschreibt, was immer, entschlossen, den Vertrag nicht einzuhalten." Der Habsburger erklärte gleich die gesamte Moskauer politische Szene zu einer Ansammlung von „Russen-Hitlern": „Wir haben genau das gleiche wie seinerzeit, als die wenigsten Hitlers ‚Mein Kampf' gelesen hatten und daher die Regierungen an jenen Samstagen überrascht waren, an denen der Führer zugeschlagen hat." Der Kaisersohn gab noch eins drauf: Nicht nur „wie Hitler" seien die Politiker in Moskau, sie „vollstrecken" zudem auch noch „Stalins Testament, wenn auch unter der Zeit angepaßten Formen!" Man müsse nun den Mut aufbringen, gegen Hitlers Nachahmer in Mokau „etwas zu tun".

Boris Jelzin und Wladimir Schirinowskij

Hintergrund der antirussischen Tirade des Habsburgers war die im Frühjahr 1994 immer offener zutage tretende Zusammenarbeit von Präsident Jelzin mit Schirinowskij. Eine für die bundesdeutsche Meinungsindustrie völlig irritierende Entwicklung. Denn wie sollte man es der hiesigen Öffentlichkeit klarmachen, daß der „Supermann der Demokratie und des Friedens", als den man Jelzin über Jahre charakterisiert hatte, nun mit dem ach so „abscheulichen Satan" Schirinowskij auf Tuchfühlung ging?

Die Süddeutsche Zeitung mußte mit der Fassung ringen, als sie am 18. April 1994 notierte: „Die vielen verschachtelten Komitees und Beraterstäbe um den Präsidenten Jelzin haben sich offenbar entschieden, wie sie den Störenfried Schirinowskij behandeln: Sie lassen ihn gewähren." Dabei versäumte es das Münchner Blatt nicht, die angebliche Kernaussage Schirinowskijs wie folgt zusammenzufassen: „Unter ihm werde das russische Volk erstmals einen ‚kollektiven Orgasmus' erleben, nachdem die Kommunisten es gehindert hätten, zu sich selbst zu finden. Die Oktoberrevolution sei Vergewaltigung gewesen, der Stalinismus die Zeit der Homosexualität, die Chruschtschow-Jahre hätten im Zeichen der Onanie gestanden, von Breschnjew bis Gorbatschow hätten politisch Impotente das Land an den Abgrund geführt."

Der Pakt mit dem Präsidenten

Im Mai 1994 gerieten Meinungsmacher an den Rand des Nervenzusammenbruchs: Denn Jelzin, ihr Held, Hoffnungsträger und guter Russe, schloß mit Schirinowskij, auf den man am liebsten das Motto „Jeder Schuß ein Ruß!" hatte anwenden wollen, einen Pakt. In einer feierlichen Zeremonie setzten sie ihre Unterschriften unter das Abkommen, präsentierten sich dann gemeinsam lächelnd den Kameras und schritten zum gemeinschaftlichen Bankett.

Das Abkommen trug nicht nur die Paraphen der beiden bekanntesten Politiker Rußlands, sondern wurde von mehr als 200 einflußreichen Persönlichkeiten des Landes unterzeichnet. Es sollte – so die Absichtserklärung – zur „nationalen Eintracht" beitragen, verpflichtete die Signatare, ihren politischen Streit nur verfassungsgemäß auszutragen, sollte destabilisierenden Verfassungsänderungen vorbeugen, wandte sich gegen Streiks aus rein politischen Motiven und ächtete die Gewalt. Den letzten Anstoß zu dem Übereinkommen hatte der Mord an dem Abgeordneten Aiserdis gegeben. Der 35jährige Parlamentarier hatte sich im Kampf gegen das Mafia-Unwesen ausgezeichnet

Kosyrew: Rußland bleibt Supermacht

New York (Reuter). Rußland bleibt nach den Worten des russischen Außenministers Kosyrew eine Supermacht. Es sei „politisch gefährlich" darauf zu insistieren, daß sein Land weltweit nur eine untergeordnete Rolle spielen solle, erklärte Kosyrew in der „New York Times". Extreme Nationalisten und „Reaktionäre" in seinem Land würden aus solchen Ansichten Kapital schlagen.

Rußland soll Großmacht bleiben

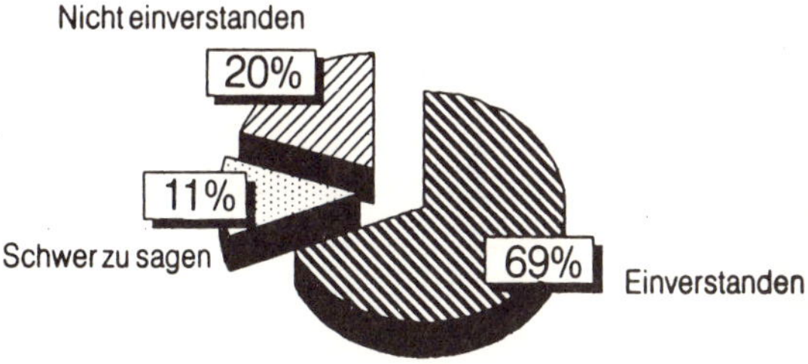

Im Auftrag von *Moskau News* führte das Meinungsforschungsinstitut VCIOM am 14. und 15. Juli in Moskau eine Umfrage unter 1707 Personen durch. Ihnen wurde die Frage gestellt: „Sind Sie mit denen einverstanden, die behaupten, daß Rußland als Großmacht erhalten bleiben soll, auch wenn dies seine Beziehung zur Außenwelt verschlechtert?"

elzin stellt Schirinowski ooperation in Aussicht

ranationalist sagt TV-Auftritt in Deutschland ab

oskau / Hamburg (dpa) Der sische Präsident Boris Jelzin eine Zusammenarbeit mit dimir Schirinowski, dem f der rechtsextremen Libe- Demokratischen Partei Ruß- s (LDPR), im neuen Parla- t für möglich. „Wenn er kon- ktiv und zum Wohle des Lan- und des Volkes handelt, wer- wir natürlich mit ihm zusammenarbeiten." Dies sagte Jelzin gestern in Moskau, wo er erstmals offiziell die Ergebnisse der Parlamentswahlen vom 12. Dezember kommentierte.

Trotz der Option einer Zusammenarbeit mit Schirinowski schloß Jelzin eine Koalitionsregierung aus und erteilte dem Extremismus eine Absage. „Der Neonazismus kommt nicht durch, darüber wachen Präsident und Verfassung."

Jelzin versicherte, den Reformkurs mit Vizeregierungschef Jegor Gaidar weiterzuführen. Gaidar bleibt also bleibt

„Rußlands Außenpolitik bestimmt der Präsident"

Jelzin: Kooperation mit Schirinowski möglich

Wenn Schirinowskij Rußland als Großmacht erhalten bzw. wiederherstellen will, liegt er im Prinzip auf demselben Kurs, den Jelzin durch seinen Außenminister Kosyrew verkünden ließ. Und der Vorsitzende der Liberal-Demokraten bringt damit auch den Willen der überwältigenden Mehrheit des russischen Volkes zum Ausdruck – wie Meinungsumfragen (oben rechts, 1992) beweisen. So wirkten Schlagzeilen über Kooperationsangebote Jelzins an Schirinowskij nur auf solche Meinungsmacher schockierend, die an ihre eigene Propaganda geglaubt hatten.

und die Namen von 266 führenden Mafiosi veröffentlicht. Er wurde vor seinem Haus mit einem Schuß in die Brust getötet. Jelzin wie Schirinowskij hatten den Mord aufs schärfste verurteilt und Gemeinsamkcit im Kampf gegen das Bandenunwesen gelobt.

Die meisten bundesdeutschen Medien schwiegen den Pakt von Moskau tot, während er in der russischen Presse, aber auch von der internationalen Öffentlichkeit stark beachtet wurde. „Verkündung eines Burgfriedens in Rußland", schlagzeilte die Neue Zürcher Zeitung. Schirinowskijs Gegner würden nun befürchten, daß er „auf diese Weise in die große Politik mit einbezogen und gleichsam salonfähig gemacht" werde. Der Kreml habe „sich einiges einfallen lassen, um die Unterstützung Schirinowskijs zu sichern".

In Bundesdeutschland widmete sich als eines von wenigen Blättern der „Spiegel" der Wende in Moskau: Statt eine „fällige antifaschistische Koalition gegen den Hetzer Schirinowskij" zu bilden, habe sich Jelzin „auf den Weg zu harmonischer Volksgemeinschaft" (und das mit Schirinowskij!) gemacht. Die Zeremonie im Georgssaal des Kreml wird vom „Spiegel" mit folgenden hämischen Worten beschrieben: „Unterm Strahlen Jelzins und der Kreml-Kronleuchter quietschten die Filzschreiber und Füllfedern – auch Schirinowskijs Signatur." Schlimmer noch: Jelzin habe „den Wirrkopf Schirinowskij" jetzt als „Garanten der neuen Eintracht" bezeichnet und danach „die Signatare zum Bankett gebeten, darunter auch den nunmehr hoffähigen Schirinowskij". Überhaupt habe Jelzin schon gleich nach den Wahlen des vorangegangenen Dezember empfohlen, Schirinowskij besser zu vereinnahmen statt auszugrenzen. Künftig, so das Augstein-Blatt wütend, würden die Leute Schirinowskijs „als Kontrolleure der patriotischen Übereinkunft an allen ‚runden Tischen' im Lande und vor allem in der Schlichtungskommission sitzen, welche die Einhaltung des Pakts überwachen soll".

Der Pakt Jelzins mit Schirinowskij wurde – wie die vorangegangene Kontaktaufnahme des Weißen Hauses mit dem Chef der russischen Liberal-Demokraten – von der Deutschen National-Zeitung als „Totalblamage" für alle jene bewertet, die Dr. Freys Beziehungen zu Schirinowskij als empörenden Skandal verworfen hatten.

Nach dem Abkommen mit Jelzin war über Wochen in den bundesdeutschen Medien nichts mehr vom „Russen-Hitler" zu lesen. Das Thema Schirinowskij schien plötzlich tot. Wie von Geisterhand dirigiert, schaltete man fürs erste total ab – so wie man ein halbes Jahr zuvor wie gleichgeschaltet und unisono die Kampagne begonnen hatte.

Wladimir Schirinowskij

WAS ICH WIRKLICH WILL

Seit meinem Sieg bei den russischen Parlamentswahlen im Dezember 1993 ist von der sogenannten Meinungsindustrie ein merkwürdiges Bild von mir gezeichnet worden, das mit der Wirklichkeit mitunter wenig und meist gar nichts zu tun hat. Die schlimmste Hetze habe ich von Medien aus der Bundesrepublik Deutschland erfahren. Diese Journaille hat sich in Erfindungen im Zusammenhang mit meiner Person selbst überboten. Der WDR schreckte nicht einmal vor einem Spielfilm über meine Ermordung durch CIA und Bundesnachrichtendienst zurück. Als „Rechtfertigung“ wurde einerseits mein zu erwartender Sieg bei den russischen Präsidentschaftswahlen angeführt und andererseits buchstäblich erstunken und erlogen, ich würde Todeslisten zusammenstellen und Killerkommandos beauftragen. Es gibt offenkundig keine unterste Stufe des Schweinejournalismus.
Angesichts der ungeheuren Hetze kann ich es durchaus verstehen, daß Millionen Deutsche verunsichert sind und in mir und meinen Vorstellungen eine Gefahr für Deutschland sehen.
Mit Ausnahme der Vorwürfe, ich sei Menschenfresser oder würde Sodomie betreiben, also Sex mit Tieren haben, sind auch die absurdesten Behauptungen gegen mich ins Feld geführt worden. Vor allem, wie bereits betont, in Medien der Bundesrepublik. Wollte ich mich zu jeder der abartigen Unterstellungen äußern, hätte ich nichts anderes mehr zu tun, als mich mit der wilden, oft perversen Phantasie von Leuten zu beschäftigen, die ganz offenbar zu viele Hollywoodfilme gesehen haben. Nationalbewußte und geschichtlich aufgeklärte Deutsche sind klug genug, um zu erkennen, was vom Wahrheitswert in Veröffentlichungen gewisser Medien zu halten ist. Allen kritischen Zeitgenossen wird auffallen, daß sehr viel über mich „berichtet“ wird, daß man mir in Deutschland aber höchst selten Gelegenheit gibt, ein paar Sätze im Zusammenhang kundzutun. Man bringt meist allenfalls

Wortfetzen, die das Gegenteil dessen zum Ausdruck bringen, was ich wirklich gesagt und gemeint habe. Manchmal übersetzt man meine Darlegungen unkorrekt. Meist wird ganz einfach gelogen.
Medien der Bundesrepublik Deutschland sind voll von Verleumdungen und niederträchtigen Attacken gegen mich. Als gäbe es keine Lehren aus zwei Kriegen, in denen Russen und Deutsche sich mörderisch bekämpften und unsere beiden Völker die mit Abstand größten Opfer bringen mußten, leisten Meinungsmacher ein Übersoll, um das Klima zwischen Rußland und Deutschland nachhaltig zu vergiften.

„Rußland und Deutschland als Freunde, wenn möglich für immer“

Rußland und Deutschland als Freunde auf Dauer, wenn möglich sogar für immer, das ist für eine gewisse Sorte offenbar die größte Gefahr. Die vielgepriesene Völkerverständigung soll zwei so ähnliche und letztlich auch aufeinander angewiesene Völker wie die unseren nicht mit einschließen. Fernsehen, Funk und Presse säen unentwegt Haß, besonders gegen mich, und treffen damit einen sehr großen Teil der Russen und letztlich ganz Rußland. Man will zum kalten Krieg zurückkehren und nimmt zu diesem Zweck auch die absurde Gleichsetzung von Kommunisten und Russen vor. Rußland und insbesondere ein nationales Rußland wird systematisch als Monstrum aufgebaut. Jede Möglichkeit einer Verschärfung der Lage wird gesucht und gefeiert. In der „Bild“ verlangte ein Rafael Seligmann: „Mehr müssen wir nicht wissen, um gegen ihn (nämlich mich) zu kämpfen.“ Der Herr Seligmann soll kämpfen gegen wen und soviel er will. Aber er soll unsere Völker in Frieden lassen, denn die beiden Weltkriege waren wirklich kein Segen für Rußland und Deutschland und haben ungeheure Opfer auf beiden Seiten gefordert. Was viele Medien mit Deutschland und aus Deutschland machen, ist erbarmungswürdig.

Zeitweise verpaßte man mir sogar ein „Einreiseverbot“ in Deutschland, so als ob ich ein schlimmeres Kaliber wäre als Mafiabosse und Rauschgifthändler aus anderen Ländern, die offenbar von etlichen Kräften in Deutschland als wertvolle Bereicherung des gesellschaftlichen Lebens betrachtet werden, gegen die man sich jedenfalls nicht abschottet wie gegen mich.

Es erscheint mir schwierig, keine Satire darüber zu schreiben, daß manche maßgebliche Deutsche Rußland und mir gegenüber eine verbale Kanonenbootpolitik betreiben, die andererseits jeden Ansatz nationalen Selbstbewußtseins des deutschen Volkes erbittert bekämpfen, die auch letzte Reste nationalstaatlicher Eigenständigkeit Deutschlands für westliche Mächte aufgeben wollen, also einer für mich unbegreiflichen Unterwürfigkeit gegenüber dem Ausland das Wort reden.

Allgemein ist bekannt, daß Hunderttausende von deutschen Gerichten und Behörden als Scheinasylanten festgestellte Personen nicht abgeschoben werden. Jüdische Staatsangehörige Rußlands und der GUS-Staaten erhalten auf Antrag unverzüglich Visa für die Bundesrepublik, um sich hier auf Dauer, unter Inanspruchnahme des deutschen Sozialnetzes, aufzuhalten. Insbesondere über Oder und Neiße strömen illegal Hunderttausende Ausländer. Nach Berechnungen von prominenter SPD-Seite dürfte der deutsche Steuerzahler allein in den letzten drei Jahren für Scheinasylanten und illegale Ausländer schätzungsweise einhundert Milliarden Mark aufgebracht haben. Mein Aufenthalt, der durch das „Einreiseverbot“ Anfang 1994 verhindert wurde, hätte den deutschen Steuerzahler keine Mark gekostet.

Meine prodeutsche Haltung mag ungewöhnlich erscheinen, erinnert man sich an die Einreise vieler Politiker, die in den vergangenen

Jahrzehnten in der Bundesrepublik Deutschland erschienen, um dem deutschen Volk die Leviten zu lesen und dafür reich belohnt wurden. Demgegenüber gaben selbst Medien in Deutschland zu bedenken, daß „die Berufung auf deutsche Interessen" bei der Verweigerung meiner Einreise auch deshalb so vielschichtig sei, weil ich „die Bundesrepublik ja leider nicht angegriffen, sondern auch noch umworben" („Stuttgarter Zeitung", 30. Dezember 1993) habe.

Meine Familie hat große Opfer im Kampf gegen den Faschismus bringen müssen. Doch Organe der Boulevardpresse in Deutschland befördern mich – in mannigfachen Variationen – zum „Russen-Hitler". Obwohl nach meinem Eindruck die Wahlen in Rußland im Dezember 1993 zwar nicht allzu frei, aber doch freier verliefen als oft im „freien Westen", wird das russische Volk herabgewürdigt: Meine Wähler hätten nicht gewußt, was sie taten, und sie seien durch Demagogie, ja durch Hypnose verführt worden.

Um das Maß vollzumachen, werde ich, ein leidenschaftlicher Tierfreund, als Ausbund eines Tierquälers verteufelt, der sogar noch an

„Das System der Verteufelung ist mir schon klar"

Hundekämpfen sein Vergnügen finde. Wahr ist auch hier das genaue Gegenteil der Mediendarstellung. Ich bin, und habe das immer wieder erklärt, ein absoluter Gegner jedweder Form von Tierkämpfen und überhaupt von jeder Tierquälerei. Das gilt auch für Hundekämpfe, Hahnenkämpfe, Stierkämpfe.
Noch einmal zum Thema „Russen-Hitler“: Was habe ich mit Hitler zu tun, was mit dem seit einem halben Jahrhundert toten Nationalsozialismus? Ich habe damit absolut nichts im Sinn. Ich muß die Erfinder solcher Verleumdungen doch fragen: Hat denn Hitler nach einem freien und souveränen, rechtsstaatlichen und demokratischen, großen und reichen Rußland gestrebt? Das ist doch die totale Umkehrung der Geschichte, wie jeder weiß.
Das System der Verteufelung ist mir schon klar. Dem politischen Gegner, der diese „Faschismus-Keule“ permanent gebraucht, um Andersdenkende auszuschalten, ist bewußt, daß er hier mit einer offenkundigen Lüge und einer niederträchtigen Verleumdung arbeitet. Die Primitivität der Hetze gegen mich übersteigert sich gar, wenn man ausgerechnet mich als Feind Deutschlands darstellt. Ich bin ein Freund Deutschlands und des deutschen Volkes und wünsche uns als Freunde für immer.
In vermutlich höherer Auflage als Märchenbücher der Brüder Grimm, die ich übrigens als Wiedererwecker deutschen Bewußtseins in nationalvergessener Zeit sehr schätze und die in Rußland allgemein sehr beliebt sind, wird in Deutschland verbreitet, ich wolle die Bundesrepublik atomar zermalmen. Ohne mit der Wimper zu zucken wird dieser Vorwurf oft im selben Atemzuge mit der Behauptung aufgestellt, ich würde mit den Deutschen als eine Art Juniorpartner die Weltherrschaft anstreben. Es wäre ja auch „logisch“, daß ich die Deutschen zuerst in Millionen Skelette verwandele, um dann mit den Knochengerüsten in gemeinsamer Formation zur Eroberung des Erdballs aufzubrechen. Ebenso „logisch“ ist es, daß ich mit Dr. Frey Partnerschaft zu einem Mann und seiner Politik suche, der für deutsche Stärke steht, der gemäß Nationalhymne Deutschland über alles liebt, wollte ich das deutsche Volk umbringen. Beides ist völliger Unfug: Sowohl meine angebliche Absicht, Deutschland atomar zu vernichten, als auch mein angebliches Bestreben, ein deutsch-russisches Kondominium über die Erde zu errichten.

„Eine Unzahl frecher Einmischungen in das innere Gefüge Rußlands“

Wie dumm muß ein Mensch eigentlich sein, der glauben kann, Gerhard Frey, der sein Leben lang für ein starkes Deutschland mit allen seinen Kräften kämpft und deshalb Verfolgungen auf sich nimmt, träte mit mir in Passau, Moskau oder anderswo auf, um auch nur den kleinsten Schimmer einer negativen Äußerung über das deutsche Volk sich anzuhören und hinzunehmen? So dumm kann doch eigentlich kein Mensch auf dieser Erde sein. Wenn es einen solchen Idioten gibt, der so etwas glaubt, dann müßte er sich schleunigst der Behandlung bei einem Irrenarzt unterziehen.

Den deutsch-russischen Beziehungen ist es gewiß nicht förderlich, wenn man die Entscheidung des russischen Volkes, meiner Partei und mir das meiste Vertrauen entgegenzubringen, maßlos beschimpft. Seit den Parlamentswahlen im Dezember 1993, bei denen meine Partei zur stärksten Kraft wurde, hat es eine Unzahl frecher Einmischungen in das innere Gefüge Rußlands durch verantwortungslose Medienhetzer in der Bundesrepublik Deutschland gegeben. Mir jedenfalls würde es nicht einfallen, den Vorsitzenden der stärksten politischen Kraft Deutschlands derart unflätig zu attackieren, wie ich mir das schon seit Monaten von einigen Herrschaften aus Deutschland bieten lassen muß.

Wobei ich mir nicht vorstellen kann, daß sie für die Mehrheit des deutschen Volkes sprechen, von dem ich annehme, daß es von Herzen eine deutsch-russische Aussöhnung wünscht und die demokratische Entscheidung der Bürger meines Landes akzeptiert.
Ein Rußland, das – in welcher Form auch immer – auf der Seite von Feinden oder Gegnern des deutschen Volkes sich engagierte, trüge dazu bei, Deutschland in der sogenannten westlichen Wertegemeinschaft zu fesseln und seiner Souveränität vollends zu berauben.
Hier aber liegt wohl ein Schlüssel der immensen Medienhetze gegen mich, die über die Wähler der Liberal-Demokratischen Partei hinaus in Rußland als antirussisch empfunden wird und die augenscheinlich darauf angelegt ist, böses Blut im deutschen wie im russischen Volk zu schaffen.
Daß ausländische Politiker häufig unangebrachte und überzogene Ansinnen und Forderungen an die Deutschen stellen, gehört schon zur Normalität unserer Zeit und wird in den Medien der Bundesrepublik Deutschland in aller Regel hymnisch bejubelt. In „logischer" Konsequenz werde ich, der ich Deutschlands Freundschaft erstrebe und das Wohl des deutschen Volkes im Auge habe, als Ausbund der Hölle in der „deutschen" Meinungsindustrie dargestellt, obgleich sich jeder Denkende meine Chancen auf die Präsidentschaft Rußlands ausrechnen kann. Durch eine systematische Greuelberichterstattung über und gegen mich soll Unfrieden gesät werden. Man will das politische Klima zwischen unseren Völkern und Staaten regelrecht vergiften.
Die Rechnung der Hetze dürfte auch dahin gehen, mich durch ununterbrochene Verleumdung und Verteufelung allmählich in meiner prodeutschen Grundhaltung zu erschüttern und nach und nach zu einem Feind des deutschen Volkes zu machen. Wenn ich das Trommelfeuer in Fernsehen und Rundfunkanstalten sowie Presseorganen in Deutschland gegen mich analysiere, so drängt sich mir der Gedanke auf, daß durch ständige und keinen Lebensbereich ausschließende Beschimpfungsorgien ich nach und nach zu einer gänzlichen Umorientierung meiner Politik veranlaßt werden soll, um am Ende Deutschland zu bekämpfen. Doch ich vermag zu unterscheiden zwischen dem deutschen Volk und Medien in der Bundesrepublik.
Die westliche Meinungsindustrie steuert augenscheinlich auf einen neuen und dauerhaften Konflikt zwischen Rußland und Deutschland

zu. Hat man erst die Russen und die Deutschen als angebliche Todfeinde aufgebaut, so kann Deutschland umso leichter in die „westliche Wertegemeinschaft“ integriert und als „Gulliver gefesselt“ (Thatcher) werden.

Was außerhalb Rußlands an krankhaften Phantasien über mich verbreitet wird, wird keinen einzigen Russen veranlassen, mir seine Stimme zu verweigern. Ganz im Gegenteil. Internationale Medien außerhalb Rußlands können also wohl das politische Klima gründlich vergiften, aber den Lauf der Dinge in Rußland in keiner Weise beeinflussen. Das russische Volk und die russische Armee werden hinter mir stehen. Und ich bin zum stärksten Faktor bei den Wahlen geworden. Das konnte man beispielsweise von Breschnjew oder auch von Honecker beim besten Willen nicht sagen. Und doch haben westdeutsche Medien und Politiker Hymnen auf die beiden, die Deutschlands Zerstückelung verewigen wollten, gesungen und das Glück ständiger Kniefälle und ergreifender Demutsgesten voll genossen. Ist das nicht komisch?

Lese, höre oder sehe ich die sich überschlagende Medienhetze aus der Bundesrepublik gegen mich, so klingt das alles, als seien wir in oder vor einem Krieg. Es gibt wohl keine Beschimpfung, mit der ich nicht eingedeckt worden wäre. Ich führe das darauf zurück, daß ich eine prodeutsche Politik befürworte. Mein Weltbild enger, dauerhafter Partnerschaft und Freundschaft zwischen unseren Völkern entspricht ganz offenkundig nicht den Wünschen großer Teile der Meinungsindustrie in Deutschland. Man verteufelt mich, um die deutsch-russischen Beziehungen nachhaltig zu vergiften.

Als Demokrat respektiere ich selbstverständlich die gewählte deutsche Bundesregierung. Weder ein Einreiseverbot noch Medienhetze können mich vom Kurs einer eindeutig prodeutschen Politik abbringen. Das russische Volk läßt sich durch all die Entstellungen von Agenturen und Presseorganen, Fernseh- und Rundfunkanstalten aus dem deutschen Raum sicher nicht zu meinen Ungunsten beeinflussen. Unvermeidlich aber wird die Frage, die „Die Welt“ am 31. Dezember 1993 stellte: „Wie werden sich die Politiker verhalten, wenn Schirinowskij, dem man heute das Visum noch verweigern kann, in zwei Jahren als Präsident im Kreml sitzt?“

„Fälschungen frischen antideutsche Ressentiments in Rußland auf"

Die Fälschungen gegen mich tragen allerdings dazu bei, antideutsche Ressentiments in Rußland aufzufrischen. Meine Landsleute fragen sich, warum ausgerechnet ein konsequenter Deutschenfreund wie ich im Mittelpunkt so vieler bösartiger Erfindungen von Medien ist, die von Deutschland aus ihr Gift verspritzen. Ich kann das russische Volk und die russische Armee nur bitten, das Verhalten einzelner deutscher Politiker und zahlreicher Presseorgane unter keinen Umständen den Deutschen insgesamt anzulasten und in feindselige Gefühle gegen das deutsche Volk umzumünzen. Selbst nach offiziellen Angaben hat sich die Armee bei den Wahlen zu mir bekannt; wir erhielten bei den Elitedivisionen, denen der Schutz Moskaus anvertraut ist, zwischen 75 und 90 Prozent. Ist es wirklich eine Gefährdung der Sicherheit und der Interessen Deutschlands, wenn ich bei jeder Gelegenheit die deutsch-russische Freundschaft propagiere und Gerechtigkeit für Deutschland verlange?

Man spricht so viel von Europa, von Solidarität und Freizügigkeit. Aber offenbar ist es noch nicht ausreichend nach Bonn gedrungen, daß auch wir Russen zur europäischen Völkerfamilie gehören, und zwar als größtes Volk. Ich frage mich, ob sich die deutschen Verantwortlichen wirklich so stark fühlen, um uns ununterbrochen auf den Kopf schlagen zu können und vielleicht als Reaktion auch noch erwarten, daß die andere Wange hingehalten wird. Vielleicht legt man mir, wenn ich als Präsident des größten Staates der Welt in die Bundesrepublik Deutschland komme, einen etwas schmäleren roten Teppich hin oder einen grünen?

Das russische Volk läßt sich von Lügen und Fälschungen nicht beeindrucken. Der russische Wähler hat bei den Parlamentswahlen eine eindeutige Antwort gegeben. Die Liberal-Demokraten, deren Vorsitzender ich bin, erhielten nach offiziellen Angaben 24 Prozent. Meines Erachtens waren es eher 50 Prozent. Aber auf jeden Fall sind wir die mit weitem Abstand stärkste Partei. Daran und an unserem weiteren Aufstieg, einschließlich einer kommenden Präsidentschaft, werden Presse, Rundfunk und Fernsehen in der Bundesrepublik nichts ändern. Aber sie können im Extremfall eine Atmosphäre des Hasses und der Feindschaft schaffen wie 1914 und 1941.

Was kann ein Deutscher mir denn vorwerfen? Daß ich für einen dauerhaften Frieden in Mitteleuropa eintrete, für Ausgleich und Gerechtigkeit? Daß ich Deutsche und Russen als Brüder betrachte, die nie wieder in Gegnerschaft, geschweige denn Feindschaft verfallen dürfen? Daß ich unsere Beziehungen auf jedes Gebiet ausdehnen will, weil Deutsche und Russen sich ideal ergänzen?

Manche Doppelzüngigkeit von Hetzern wird offenbar: Man stößt mich ständig vor den Kopf, beschimpft mich um so schlimmer, je mehr ich den Deutschen anbiete (wie groß war zum Beispiel das negative Mediengeschrei in der Bundesrepublik, als ich eine einvernehmliche Königsberg-Lösung ins Spiel brachte!), um sich dann aufzuregen, wenn ich – aus Verantwortung für mein Land – alle möglichen Varianten außenpolitischer Beziehungen abteste. Ich bitte die Deutschen um Verständnis, daß ich bei aller Sympathie für die deutsche Nation, das große Volk im Herzen Europas, in erster Linie Russe und russischer Politiker bin. Von mir zu erwarten, deutscher als die Deutschen zu sein, ist gelinde gesagt weltfremd. Aus der Tatsache, daß etliche

Deutsche die Welt stets mit fremden Augen sehen, möge man nicht die Vermutung ableiten, daß diese Krankheit auch außerhalb der Grenzen der Bundesrepublik verbreitet sei.

Für meine Person betone ich abermals: Wir, Russen und Deutsche, dürfen uns nie wieder gegeneinander hetzen lassen; niemand darf die Möglichkeit erhalten, unsere Beziehungen zu vergiften; dem antideutschen und antirussischen Treiben von Geheimdiensten muß ein Ende gesetzt werden. Vor allem: Auch wenn ich Tag und Nacht von Medien aus Deutschland mit Jauche übergossen werde, bleibe ich ein leidenschaftlicher Freund des großen deutschen Volkes. Weshalb ich übrigens auch die Aufnahme Deutschlands mit vollem Vetorecht in den Sicherheitsrat der Vereinten Nationen befürworte.

Otto von Bismarck war und bleibt mir Vorbild. Seine geniale Politik hat dem deutschen Volk die Neugründung des Reiches 1871 und Wohlstand gebracht, es zu einem entscheidenden Faktor in Europa gemacht. Hätten weniger weitsichtige Leute nicht Bismarcks Rückversicherungsvertrag mit Rußland verspielt, so wäre uns wohl der Erste und damit auch der Zweite Weltkrieg erspart geblieben. Lernen wir also aus der Geschichte: Deutsche und Russen – Freunde für immer.

Nicht nur seine geniale Außenpolitik macht den Schöpfer des zweiten Deutschen Reiches unsterblich. Vorbildlich sind auch seine großartigen Sozialgesetze. Die Sozialpolitik Bismarcks ist ein hervorragender Wegweiser zur russischen Wohlfahrt. Mein Ideal ist es, die Staatskunst Bismarcks auf russische Gegebenheiten zu übertragen. In diesem Sinne muß ein Vertrag zwischen Berlin und Moskau gemäß den Lehren beider Weltkriege auf dauerhaften Frieden in Freundschaft zwischen Deutschland und Rußland ausgerichtet sein.

Das sollen auch die Deutschen wissen: Ich liebe mein Volk, mein Vaterland über alles – so wie nationalbewußte Deutsche ihre Nation und ihr Vaterland lieben. Gerade aus dieser Liebe wünsche ich von Herzen Freundschaft zwischen den beiden größten abendländischen Völkern, den Deutschen und den Russen. Für mich ist Deutschland das Herz Europas, die größte Macht neben Rußland. Ich gehöre nicht zu denen, die Deutschland fesseln, knebeln und kleinhalten möchten.

Die verhängnisvollste Weichenstellung im 20. Jahrhundert war in meinen Augen der Ausbruch des deutsch-russischen Konflikts im Ersten Weltkrieg. Zu den von mir am meisten bewunderten Staatsmännern gehört daher, neben Bismarck, Graf Sergej Witte. Er trieb nicht nur die Industrialisierung Rußlands voran und erreichte am Ende des russisch-japanischen Krieges 1905 günstige Bedingungen für unser Land. Er kämpfte auch sofort nach Kriegsausbruch 1914 für einen Sonderfrieden mit Deutschland. In den schwierigen Zeiten nach dem Ersten Weltkrieg wurde in Rapallo das Abkommen zwischen Russen und Deutschen geschlossen. Es war der beste Vertrag zwischen Rußland und Deutschland in diesem Jahrhundert. Heute sind wir aufgefor-

„Otto von Bismarck und Sergej Witte betrieben eine vorbildliche Politik"

dert, uns alle Mühe zu geben, wieder gute Beziehungen zwischen den beiden Staaten herzustellen.

Vor dreihundert Jahren hat Peter der Große die Brücke zu den Deutschen geschlagen, indem er nach Rußland deutsche Fachkräfte aller Gebiete holte. Katharina die Große, aus einem deutschen Geschlecht, hat viel dazu beigetragen, daß Rußland aufblühen konnte. In der Geschichte unserer beiden Länder gab es viele gemeinsame

Glanzlichter. Wir haben gemeinsam die Türken bezwungen und Napoleon geschlagen. Mit den Deutschen konnten wir Russen unsere größten Erfolge erringen. Es bestanden enge verwandtschaftliche Beziehungen zwischen unseren Herrscherhäusern. Über die Jahrhunderte wirkten Millionen von Deutschen in Rußland.

Es liegt in der Natur der Sache, daß ich als russischer Politiker russische Rechte und Interessen vertrete. Doch nach meinem Weltbild laufen deutsche und russische Rechte und Interessen nicht gegeneinander, sondern parallel. Wer mir unterstellt, ich wolle das deutsche Volk in seinen Rechten schmälern, stellt die Wahrheit auf den Kopf. Vielmehr erstrebe ich ein lebenskräftiges und gesundes, starkes und großes und allerdings auch deutsches Deutschland als stabilen Partner und dauerhaften Freund Rußlands. Was sich in Jahrhunderten tausendfach bewährt hat und beiden Völkern zum Segen gereichte, kann nicht falsch sein.

Falsch, ja irrsinnig aber war es, daß wir uns in zwei mörderischen Weltkriegen gegeneinander hetzen ließen. Russen und Deutsche, daran kann nicht genug erinnert werden, haben die mit Abstand größten Opfer erbringen müssen. Wir schulden es unseren Toten, daraus Lehren zu ziehen, und die können nur lauten: Rückkehr zur traditionellen deutsch-russischen Freundschaft. Um so beschwörender ist mein Appell an die deutschdenkenden Deutschen, die Ressentiments der Vergangenheit zu überwinden, sich der wunderbaren Gemeinsamkeit der deutsch-russischen Geschichte zu erinnern und mit aller Entschlossenheit einen Kurs ewiger Freundschaft auf der Grundlage voller Gleichberechtigung zwischen unseren Völkern und Staaten zu steuern. Unsere Freundschaft richtet sich gegen niemanden und bedroht niemanden. Doch sie ist die Garantie für einen dauerhaften Frieden in Europa und liegt daher im Interesse aller Völker des Kontinents und im Grunde der ganzen Welt. Gebt den Haßpredigern keine Chance und verteidigt Völkerverständigung und Frieden!

Als Präsident Rußlands werde ich auch wirtschaftlich beste Beziehungen zu den Deutschen anstreben. Ein Beispiel nur: Wir Russen mit unseren gewaltigen Bodenschätzen und die Deutschen mit ihrem „Gewußt wie“ sind ideale Partner. Eine deutsch-russische ökonomische Zusammenarbeit würde mit Sicherheit ein Wirtschaftswunder in beiden Ländern bringen. Rußland ist der große Markt der Zukunft.

Die Deutschen sind unsere natürlichen Partner. Es gibt keine elementaren Gegensätze zwischen Deutschland und Rußland. Die deutschen Lebensinteressen konzentrieren sich auf Zentraleuropa, und wir respektieren diese Interessen ohne Einschränkung.

Mir liegt also überaus an enger und dauerhafter, ja bleibender Zusammenarbeit in allen Bereichen mit Deutschland. So habe ich unter anderem eine deutsch-russische Gemeinschaftsaktion zum Bau einer Autobahn vorgeschlagen, die von Berlin über Königsberg nach Moskau führen soll; Deutsch als erste Fremdsprache in ganz Rußland; den Austausch unserer Studenten in großem Umfang; freien Kulturaustausch. Ich habe Deutschland eine führende Rolle bei der Erschließung unserer Bodenschätze, im industriellen Bereich, bei gemeinsamen Rüstungsobjekten usw. vorgeschlagen.

Der Frieden ist auf unserem Kontinent am besten gewährleistet, wenn die beiden größten Mächte, Rußland und Deutschland, zurückkehren zu ihrer engen traditionellen Freundschaft, die beiden Seiten Jahrhunderte hindurch Glück und Segen brachte. In Europa darf niemand die Möglichkeit erhalten, uns unserer Souveränität zu berauben und somit als Partner aus dem Verkehr zu ziehen. In der Vergangenheit war es nicht glücklich, wenn Deutschland Interessen über Mitteleuropa hinaus verfochten hat und wenn Rußland Interessen in Mitteleuropa hatte. Wir dürfen die Sphäre des anderen nicht antasten und müssen uns hüten, uns gegeneinander aufwiegeln zu lassen. Dabei brauchen wir nicht die Vermittlung anderer und überhaupt niemanden, der sich zwischen uns drängt. Wir können gegenseitig unsere Interessen am besten selbst wahren. Besonders gefährlich ist die Arbeit von Geheimdiensten, die unsere guten Beziehungen zerstören wollen.

Es gibt starke Bestrebungen, und man kann es im einzelnen in Lebenserinnerungen maßgeblicher westlicher Politiker nachlesen, Deutschland geknebelt und am Boden zu halten, seiner Souveränität zu berauben. So mancher in Washington sieht die Nato wohl als Instrument an, wie Ex-Außenminister Kissinger es formuliert, „das Gleichgewicht der Kräfte in Europa zu halten“. Das soll heißen, daß das große Deutschland „eingebunden“ bzw. gefesselt werden muß, während ungleich schwächere Staaten hochgepäppelt werden. Kissinger erklärt als die „große Gefahr“ der Zukunft, daß Moskau und Berlin

„Niemand darf Russen und Deutsche je wieder in Kriege gegeneinander hetzen“

sich annähern und ihre Politik miteinander und aufeinander abstimmen, wie es sich für gute Nachbarn gebührt.

Wir können doch nicht um der schönen Augen westlicher „Freunde“ Deutschlands willen ein drittes Mal gegeneinander Krieg führen. Niemand hat das Recht und niemand darf je wieder die Möglichkeit erhalten, uns in Kriege gegeneinander zu hetzen. Es gibt offenbar Interessen von Kräften außerhalb Deutschlands, die eine deutsch-russische Freundschaft mit allen Mitteln verhindern möchten.

Wenn aber die beiden größten und stärksten Nationen Europas brüderlich zusammenstehen, dann sind die Sicherheit und der Frieden garantiert. Das ist im Grunde so einfach und so klar und so einleuchtend und unwiderlegbar, daß es jeder Mensch, der guten Willens ist, begreifen muß. Ich habe das unter anderem in der Duma auf der gemeinsamen Pressekonferenz mit Dr. Frey mit derselben Unzweideutigkeit gesagt wie beispielsweise bei der DVU-Großkundgebung in der Passauer Nibelungenhalle.

In diesem Zusammenhang möchte ich noch eines hervorheben: In Rußland sind die deutsche Sprache und die deutsche Kultur wieder stark im Kommen. Mit großer Anteilnahme verfolge ich den offenbar sehr steinigen Weg, bis die deutsche Sprache auch in westlich dominierten internationalen Gremien endlich den ihr zustehenden Rang erhält. Ich wünsche von ganzem Herzen, daß in Deutschland nationale Kultur, nationale Wissenschaft, nationale Wirtschaft herrschen und daß die Deutschen sich als eine stolze, große Nation fühlen.
Wir müssen eine neue Seite im Buch der Geschichte aufschlagen. Unsere freundschaftlichen Beziehungen sollen unumkehrbar sein. Durch eine kluge und maßvolle Politik müssen wir die Interessen des Partners stets im Auge behalten und dürfen niemanden verletzen. Das ist eine ganz große Chance für unsere beiden Staaten. Wir müssen uns der großen Epoche unserer gemeinsamen Geschichte erinnern und die Symbole für die Gegenwart und die Zukunft den Russen und den Deutschen zeigen. Gott hat uns zu Freunden bestimmt.
Wir bekennen uns offen zu unserer Freundschaft zum deutschen Volk. Wir sind keine Kolonie, die sich einer antideutschen Politik unterordnet. Es gibt tausend Gründe für uns, Deutschland als Partner zu gewinnen und zu pflegen. Die Zusammenarbeit muß umfassend aufgebaut werden. Unsere Partnerschaft richtet sich gegen keinen anderen Staat. Niemand ist davon bedroht, jedoch der Frieden gesichert.
Unsere Beziehungen werden sich auf der Grundlage der Gleichberechtigung in allen Bereichen immer harmonischer und enger gestalten: politisch, kulturell, wirtschaftlich und auch militärisch. Wer dem Frieden und dem Wohlergehen der Völker dienen will, muß diesen Kurs der deutsch-russischen Annäherung und Freundschaft unterstützen. Ich verspreche, daß unter Einfluß unserer Fraktion im russischen Parlament alles geschehen wird, damit sich diese neue Richtung in der Außenpolitik Rußlands durchsetzt. Ein dauerhafter Bund zwischen Rußland und Deutschland ist der größte Segen für Europa und die ganze Welt.
Meine Politik fußt auf der Grundlage gegenseitiger Nichteinmischung in die Souveränität des Partners. Das Grundgesetz ist Sache der Deutschen, und unsere Verfassung ist unsere Sache. Wir Russen können keinen Lehrmeister gebrauchen, und wir wollen auch kein Lehrmeister sein. Ausländische Geheimdienste haben in Rußland nichts zu

„Laßt Deutsche und Russen mit Bevormundungen in Frieden!“

suchen und dürfen Rußland nicht beherrschen. Und ebenso wünschen wir von Herzen ein freies und souveränes Deutschland.

Wie das deutsche Volk seine inneren Angelegenheiten regelt, ist ausschließlich Sache der Deutschen. Wie auch wir Russen dringend darum ersuchen, uns mit Bevormundungen in Frieden zu lassen. Als russischer Politiker habe ich im übrigen anderes zu tun, als mir den Kopf des deutschen Volkes über dessen inneren Belange zu zerbrechen.

Als russischer Politiker fühle ich mich aber in der Tat zuständig für das deutsch-russische Verhältnis. Auch weil die bilateralen Beziehungen mit der stärksten Wirtschaftsmacht Europas von erheblichem Interesse für uns sind. Und weil mich eben die Beschäftigung mit der Geschichte beider Völker zu folgendem Schluß bringt: Es ging sowohl für meine Nation als auch für die Deutschen stets übel aus, wenn wir gegeneinander standen oder gar die Waffen kreuzten. Eng miteinander zu kooperieren hingegen war für beide Völker segensreich. In diesem Sinne habe ich zahlreiche Vorschläge über die künftige Gestaltung deutsch-russischer Zusammenarbeit unterbreitet.

Ich kann und will die Deutschen nicht zu ihrem Glück zwingen. Deutschland mag meine Vorschläge gutheißen oder verwerfen, es mag frei und souverän darüber entscheiden, ob es in meine freundschaftlich gereichte Hand einschlagen oder diese ausschlagen will. Denn: Bei aller Kenntnis um die beiderseitigen Vorteile aus guten deutsch-russischen Beziehungen – es gibt für mein Land, den größten Staat der Erde, auch andere Optionen. Gern würde ich im Falle meiner Präsidentschaft die deutsche Karte spielen. Auf die Dauer aber kann ich niemandem in Rußland klarmachen, warum ich den Deutschen Trümpfe anbiete, von dort jedoch als Antwort stets den Schwarzen Peter zugesteckt bekomme.

Die veröffentlichte deutsche Meinung sollte sich daran gewöhnen, daß in Rußland eine prodeutsche Politik von mir angestrebt und bald gemacht wird und daß dies wesentlich normaler ist als die Daumenschrauben, die den Deutschen mit ständigen Schuldvorwürfen angelegt werden.

Mit aufrichtigem Zorn registriere ich nämlich, daß den Deutschen zugemutet wird, Generation um Generation in Sack und Asche zu gehen und wegen längst zurückliegender geschichtlicher Ereignisse eine ebenso unmoralische wie unsittliche Kollektivverantwortung und Kollektivhaftung auf sich zu nehmen. Die Erfordernisse der Gegenwart und die Notwendigkeiten der Zukunft sollen verdrängt werden durch eine immerwährende extrem einseitige Vergangenheitsbewältigung. In einer beispiellosen Gehirnwäsche, der die Deutschen unterzogen werden, sehe ich das Bemühen, das Volk der Dichter und der Denker auf Dauer mit dem Bazillus des Nationalmasochismus umzupolen. Wenn aber Nationalmasochismus und Nestbeschmutzung schon den Schulkindern angeblich so gut tun und auch für die erwachsenen Deutschen so gesund sein sollen, so stellt sich die Frage, warum für jedes andere Volk dieser Erde die umgekehrten Maßstäbe gelten und warum außerhalb Mitteleuropas sich praktisch alle politischen Richtungen darin einig sind, sich auf die positiven und stolzen Seiten der Geschichte zu besinnen und den Werdegang des eigenen Volkes keinesfalls wie in einem Verbrecheralbum durch die Medien präsentieren zu lassen.

Meine Politik zielt nicht darauf, den Deutschen eine Fortdauer der weiß Gott extrem einseitigen Vergangenheitsbewältigung zu empfehlen oder gar zu verordnen. Ganz im Gegenteil: In allen Gesprächen, die ich beispielsweise mit Dr. Frey führte, bestand stets Klarheit, daß es ohne jeden vernünftigen Sinn ist, ständig „die Vergangenheit aufzuarbeiten". Was wir brauchen, ist vielmehr die Bewältigung der Gegenwart und der Zukunft. In meinen Augen ist es abstoßend und schändlich, den Deutschen irgendeine Form von Kollektivanklagen zuzumuten und sogar noch ungeborene Generationen der Deutschen mit Geschehnissen zu belasten, mit denen sie absolut nichts zu tun haben. Das deutsch-russische Verhältnis jedenfalls soll von derlei Vorhaltungen und Anwürfen gänzlich frei sein.

Wenn ich erfahre, daß in Deutschland noch Abertausende Verfahren wegen Kriegs- und NS-Verbrechen vor einem halben Jahrhundert anhängig sind, stelle ich mir folgende Fragen: Was soll das für einen Sinn haben? Wie will man so lange Zeit nach den behaupteten Taten noch zu gerechten Urteilen kommen? Diese Angeklagten müssen ja uralt und schwerkrank sein. Wie kann ein kluges und intelligentes Volk wie das deutsche so etwas mit sich machen lassen? Deutschland muß aus der Babylonischen Gefangenschaft erlöst werden, und es kann erlöst werden durch Rußland als Partner und Freund.

Daß sich das große deutsche Volk so etwas wie ständige einseitige Vergangenheitsbewältigung und Kollektivanklagen gefallen läßt, kann ich nicht begreifen. Ist denn Nestbeschmutzung so etwas Schönes? Warum sollen derartige nationalmasochistische Übungen allein für ein einziges Volk auf dieser Erde gelten, während die übrige Völkergemeinschaft nicht im Traume zu ähnlicher oder auch nur zu annähernder Selbstgeißelung bereit wäre?

Wie bereits erwähnt, bin ich mit Dr. Frey übereingekommen, und zwar von Anfang an, daß es keine einseitigen oder gegenseitigen Schuldvorwürfe und überhaupt keine Anklagen bezüglich der Vergangenheit geben darf. Dr. Frey ist nach der NS-Machtergreifung geboren und ich nach dem Zweiten Weltkrieg. Die Gegenwart ist voll von schrecklichen und schwierigen Problemen. Die Vergangenheit können wir nicht ändern, aber die Gegenwart zum Guten wenden und die Zukunft meistern. Die heutigen Russen und die heutigen Deutschen sollen frei und völlig unbelastet von der Vergangenheit leben und arbeiten und ihre Zukunft gestalten.

Hinsichtlich meiner Denkweise bitte ich die Deutschen um Verständnis, daß ich als Russe die Gehirnwäsche der Umerziehung nicht durchlaufen habe. Mir leuchtet also nicht ein, warum das deutsche Volk ein halbes Jahrhundert nach dem Zweiten Weltkrieg zu einer Sonderrolle verdammt sein sollte. Ich begreife nicht, warum sogar nach 1945 geborene und selbst heute noch ungeborene Deutsche Kollektivverantwortung auf sich nehmen sollen, um in Kollektivhaftung gezwungen zu werden. Ich bin gegen jede Form wechselseitiger Schuldvorwürfe. Da wir unsere Partner nicht auf die Knie zwingen und auf den Knien rutschen lassen möchten, bleibt die Vergangenheit vergangen.
Vor allem sind wir natürlich eine nationaldenkende Partei, die für die Wiederherstellung Rußlands eintritt. Was geschieht heute mit Rußland? Die Krise hat alle Bereiche des Lebens erfaßt, die Politik, die Wirtschaft, den Staat, die Armee. Besonders schmerzhaft ist die nationale Frage. 25 Millionen Russen leben außerhalb der heutigen Russischen Republik. Die Feinde Rußlands wollen das Land noch

„Als Russe habe ich die Gehirnwäsche der Umerziehung nicht durchlaufen"

weiter zersplittern und die Russen überall zur Minderheit machen. 150 Millionen Russen können und werden das nicht zulassen.
Die wichtigste nationale Herausforderung für mich ist, der Zersplitterung Rußlands zu wehren und es aus der Krise herauszureißen. Es wird Jahrzehnte dauern, die Verhältnisse zu normalisieren, aber das Wichtigste kann man schon in zehn Jahren erreichen. Doch trotz aller Schwierigkeiten möchte ich nur in Rußland leben, denn es ist meine Heimat. Bei meinen Auslandsaufenthalten zieht es mich immer wieder nach einigen Tagen nach Hause.
Was will ich in der russischen Wirtschaftspolitik durchsetzen? Antwort: So viel Privatinitiative wie möglich, so viel Staatseingriff wie nötig. Wir haben keinen Bedarf an einem Haifischkapitalismus, in dem internationale Bosse abkassieren und die Masse des Volkes verelendet. Ich denke, daß es gute Anregungen aus dem Konzept der sozialen Marktwirtschaft gibt, das Professor Ludwig Erhard bekanntlich schon in der Zeit des Zweiten Weltkrieges ausgearbeitet hat und nach 1945 in vielen Bereichen auch verwirklichen konnte. Meine Regierung wird also eine ausgewogene Mischung von Staats- und Privatwirtschaft durchsetzen und gefährliche Experimente vermeiden. Wir werden den Menschen in Rußland wieder Hoffnung und Arbeit geben, die Inflation stoppen und den Russen zu einem menschenwürdigen Dasein verhelfen.
Ich werde binnen drei Monaten die mehreren hundert Mafia-Banden, die das Geschäftsleben bei uns unter anderem durch sogenannte Schutzgelder beherrschen, und überhaupt Schwerverbrecher jeder Art, die unsere Straßen unsicher machen, mit der ganzen Härte des Gesetzes und einer von jeder Korruption befreiten Polizei zerschlagen. Recht und Ordnung müssen wiederhergestellt werden. Dafür garantiere ich. Und das wissen die Russen. Die gesetzestreuen Russen haben ein Recht auf ein Leben in Sicherheit und Wohlstand.
Im Inneren treten wir für eine bundesstaatliche Gliederung ein. Die Demokratie in unserem Land erfordert ein rechtsstaatlich abgesichertes Präsidialsystem. Die neue Verfassung, die durch meine massive Unterstützung bei der Volksabstimmung ermöglicht wurde, beinhaltet durchaus wesentliche Elemente westlicher Präsidialdemokratien. Aber generell bin ich dagegen, daß uns der Westen, die Weltbank usw. Vorschriften machen, so wie ich auch dagegen bin, anderen, zum Beispiel den Deutschen, fremde Rezepte aufzudrängen. Jedes Volk

muß nach seiner eigenen Art selig werden; der „American Way of Life“ ist die eine Sache, aber das deutsche Gemüt und die russische Seele sind etwas anderes.

Zur Sozialpolitik: Ein Gesellschaftssystem, in dem eine hauchdünne Minderheit sagenhaften Reichtum erwirbt, während der „kleine Mann“ leer ausgeht, will ich in Rußland nicht haben. Was die sozialen Sicherungssysteme angeht, ist für mich Bismarcks Politik, wie bereits betont, vorbildlich.

In der Kulturpolitik wünsche ich mir russische Selbstbesinnung. Mit Sicherheit werde ich gegen die Überschwemmung unseres Landes mit dekadentem Dreck vorgehen, der uns vor allem aus den USA beschert wird. Da die Deutschen ja selbst Opfer dieser Dreckwelle geworden sind, wissen die Leser dieses Buches, was ich meine. Dabei geht es mir keineswegs um eine totale Abschottung meines Landes gegen ausländische Kultureinflüsse. Doch eine Überfremdung darf es nicht geben. Unser großer Tschaikowsky hat Anregungen der deutschen Romantik verwoben mit russischer Nationalmusik und dadurch Meisterwerke abendländischer Tonkunst geschaffen, um nur eines von vielen Beispielen für deutsch-russische Kultursymbiose zu nennen.

Wir verfechten die Lebensinteressen Rußlands und zugleich des kleinen Mannes. Wir treten für eine andere Außenpolitik ein, und wir sind für Privateigentum. Von den bisherigen Regierungsparteien unterscheiden wir uns dadurch, daß wir einen ganz und gar prorussischen Kurs verfolgen und einen starken, reichen russischen Staat und russische Kultur erstreben.

Auch wir wollen Reformen. Aber wir werden den staatlichen Wirtschaftssektor nicht zerstören. Wir werden die Kolchosen in der Landwirtschaft nicht zerstören, sondern gleiche Bedingungen für alle Modelle in der Wirtschaft und in der Landwirtschaft schaffen. Wir wollen nicht stören oder gar zerstören, sondern wir brauchen gute Bedingungen für alle Bürger. Die Kommunisten lassen nur die gesellschaftlichen Eigentumsformen zu, und die bisherigen Regierungsparteien setzen nur auf private Wirtschaft. Doch wir wollen beides verbinden. In der ersten Etappe wird wahrscheinlich der staatliche Wirtschaftssektor vorherrschen.

In diesem Zusammenhang ein Wort zu den russischen Kommunisten: Wir Patrioten stehen in einer toleranten Beziehung zu ihnen. Natürlich

„Rußland wird sich erholen und braucht einen starken Präsidenten"

argumentieren und diskutieren wir mit ihnen und tauschen unsere Gedanken aus. Es handelt sich um höchst friedliche und ganz normale Beziehungen. Dabei finden mitunter gemeinsame Kundgebungen ganz verschiedener Richtungen, von den Kommunisten über uns bis hin zu ganz rechts statt. Hier gibt es keine gegenseitigen Beschimpfungen oder Schmähungen oder gar Gewalt. Im Gegensatz zu vielen Leuten der bisherigen Regierungspartei war ich jedoch nicht Kommunist und habe mit dem Kommunismus auch nichts im Sinne.
Ich respektiere und schätze Präsident Jelzin, und ich habe den Eindruck, daß es umgekehrt auch der Fall ist. Präsident Jelzin mag mitunter Irrtümern unterliegen, aber er will das Beste für Rußland. Am Putsch gegen ihn im Oktober 1993 war ich überhaupt nicht beteiligt und hatte damit, wie allgemein bekannt, auch nicht das geringste zu tun. Damals weilte ich übrigens bei der DVU zur Großkundgebung in der Passauer Nibelungenhalle. Ungeachtet meiner Wertschätzung für Präsident Jelzin werde ich zu den nächsten Präsidentschaftswahlen

antreten. Und ich werde sie gewinnen. Durch die neue Verfassung ist die Macht des Präsidenten gestärkt worden. Das ist gut so. Rußland braucht einen starken Präsidenten, damit das Land und seine Wirtschaft gesunden können.
Rußland wird nicht untergehen. Rußland wird sich erholen. Es ist eine sehr kurzsichtige Fehlkalkulation, wenn die Meinungsindustrie in der Bundesrepublik die beiden größten Völker Europas gegeneinander hetzen will. Ich gehe davon aus, daß Kasachstan, Kirgisien, Weißrußland und die Ukraine sich früher oder später auch aus wirtschaftlichen Gründen wieder mit der Russischen Föderation verbinden werden. Aber unabhängig von der Größe müssen die Grenzen Rußlands stabil und sicher sein.
Wir wünschen uns sehr, daß die Zukunft Europas durch die großen nationalen Staaten vertreten wird. Man will uns derzeit aber in eine Wohngemeinschaft bringen, deren Chefs sich außerhalb der europäischen Grenzen befinden. In den letzten Jahren versuchen gewisse Kräfte von jenseits des Ozeans, Rußland in eine Kolonie zu verwandeln. In der Propaganda und der Kultur haben sie bereits großen Einfluß. Doch die Russen wollen das nicht. Bei uns wird darum ein Kampf geführt.
Selbstverständlich treten wir auch für die in der Geschichte bewährte militärische Zusammenarbeit mit den Deutschen ein. Je enger unser Zusammenwirken, desto gesicherter ist der Friede. Ich komme in diesem Zusammenhang nochmals auf das Wirken fremder Geheimdienste zurück: Früher mag es um die Abwehr bzw. Niederringung der kommunistischen Ideologie gegangen sein, aber jetzt richten sich solche Geheimdienstaktivitäten eben doch gegen Rußland und seine natürlichen Interessen.
Ich will ein starkes Rußland im Bunde mit einem starken Deutschland. Dazu ist auch eine starke Militärmacht notwendig. Sonst werden wir zu einer Bananenrepublik, über die fremde Mächte bestimmen. Und andere machen sich auf unsere Kosten breit.
Richtig ist, daß ich im Falle meiner Präsidentschaft nicht zögern würde, jedem Aggressor, egal aus welcher Ecke er auftaucht, notfalls alle meinem Lande zur Verfügung stehenden Abwehrmittel entgegenzuwerfen. Den Deutschen hat man doch über Jahrzehnte atomare Abschreckung gegen potentielle Angreifer als der staatsmännischen

Weisheit höchsten Schluß angepriesen. Mich verwundert, daß ich auf einmal der böse Wolf der Welt sein soll, weil ich mir die Freiheit nehme, die Abschreckungsdoktrin westlicher Mächte im allgemeinen und der bundesdeutschen Politik im besonderen nachzuvollziehen. Wer gegen uns nichts Böses im Schilde führt, kann ruhig schlafen. Für jene allerdings, die darauf spekulieren, mein Land in Stücke reißen zu können und es zum Sklavendasein zu verurteilen, wollen wir in der Tat zum Fürchten sein.

Wenn der Herr Präsident Clinton in seiner Antrittsrede in Washington – wie übrigens auch schon seine Vorgänger – verkündete, die Vereinigten Staaten von Amerika seien berufen, die ganze Welt zu führen, so sind wir weit davon entfernt, einen ähnlichen Weltherrschaftsanspruch für Rußland zu erheben. Wir wollen das völlig souveräne Rußland, das den ihm gebührenden Platz in unserer eigenen Hemisphäre hat. Im übrigen soll jeder – um ein Wort des großen preußischen Königs Friedrichs II. aufzugreifen – nach seiner Fasson selig werden.

Zu keiner Zeit hat es so viele Kriege, Bürgerkriege und gewaltsame Konflikte gegeben wie in dem halben Jahrhundert seit dem Ende des Zweiten Weltkrieges. Der ewige Frieden ist also 1945 ganz bestimmt nicht angebrochen. Die meisten dieser bewaffneten Auseinandersetzungen finden außerhalb des Einflußbereichs Deutschlands und Rußlands statt. Rußland will keine Weltpolizei sein, aber es hat auch keine Neigung, auf seinen Status als Großmacht zu verzichten, und es liegt im allseitigen Interesse, daß Washington nicht die ganze Welt nach seiner Pfeife tanzen läßt, sondern daß ein ausgewogenes Kräfteverhältnis herrscht.

Die Welt muß zur Kenntnis nehmen, daß Rußland nicht von der Landkarte verschwinden und nicht abdanken, sondern sich erholen und als Großmacht genesen wird. Wir lassen es nicht zu, daß Rußland zu einem Satelliten absinkt. Meine Politik ist auf keinerlei Gegensätze zwischen Rußland und Deutschland einerseits und den Westmächten andererseits ausgerichtet. Was ich anstrebe, ist volle Gleichberechtigung.

Was meine angeblichen Weltherrschaftsgelüste angeht, betone ich noch einmal: Ich bin weit davon entfernt, im Falle meiner Präsidentschaft das US-amerikanische Staatsoberhaupt zu kopieren, das die Führung der Welt für seinen Staat beansprucht. Ich wünsche, daß

Rußland in keiner anderen Hemisphäre als der eigenen jene erste Geige im hoffentlich friedvollen Konzert spielt, die ihm aus der Geschichte und von seiner Kraft her zukommt. Mehr nicht, aber auch nicht weniger. Was wäre ich denn für ein Russe, wenn ich antirussische Politik machen würde und die Zerstückelung Rußlands betriebe? Wenn ich für ein großes und starkes Rußland eintrete, so will ich damit keinen Gegensatz zu Washington aufbauen. Aber mehrere Großmächte, zu denen eben auch Rußland neben Deutschland und neben den USA gehört, sind doch besser für die Welt als ein einziger

„Mehrere Großmächte sind besser als ein einziger ‚Weltpolizist'"

„Weltpolizist", dem sich alle beugen müssen. Gleichberechtigung in der Völker- und Staatenfamilie ist der Schlüssel zur wahren Partnerschaft. Ich verabscheue den Krieg und überhaupt kriegerische Konflikte und trete ein für das Selbstbestimmungsrecht.

Die westliche Politik ist nicht selten doppelbödig. Sie ist kaum darauf ausgerichtet, daß in Rußland vernünftige und normale Verhältnisse herrschen. Sogar in Deutschland hat man die Bolschewisten und Lenin unterstützt, als es als nützlich angesehen wurde. Amerika und England haben später Stalin nach Kräften gefördert. Wir und unsere wirklichen

Freunde aber wollen, daß Rußland Rußland bleibt und ein starkes Rußland ist, nicht Untertan des Westens.
Ich will ein gesundes und verteidigungsfähiges Rußland und vertrete die Interessen auch gerade der Armee. Niemand kann mehr für den Frieden sein als ich. Doch im Interesse Rußlands und Deutschlands und nahezu der ganzen Welt kann es auch nicht liegen, wenn Rußland kraftlos wird und die Welt von einer einzigen Macht dominiert wird. Meine Politik also geht dahin – und das liegt im allseitigen Interesse –, daß Rußland eine Großmacht bleibt, wobei ich eine enge militärische Zusammenarbeit mit Deutschland befürworte. Auch in der Wehrtechnik schwebt mir eine intensive Kooperation mit den Deutschen vor. Völlig ausgeschlossen werden muß ein erneuter Waffengang zwischen Deutschen und Russen.
Meine Politik widerspricht jeder Schlechterstellung und Sonderbehandlung Deutschlands. Wir wollen ein normales und gesundes, kraftvolles und deutsches Deutschland, naturgemäß auch mit einer starken Nationalarmee unter einem deutschen Generalstab. Ich meine, daß alle, und absolut alle fremden Truppen den deutschen Boden verlassen sollten. Es sind schon rund 50 Jahre nach dem Ende des Krieges verstrichen, und heute sind fremde Truppen auf deutschem Boden Okkupanten.
Der Frieden kann am besten durch eine starke Selbstverteidigung gesichert werden. Ein Deutschland mit starker Nationalarmee unter einem deutschen Generalstab und frei von fremden Truppen wünsche ich mir im brüderlichen militärischen Austausch mit Rußland.
Ich habe immer wieder verlangt, daß alle fremden Truppen aus Deutschland abgezogen werden müssen. Ich kann nicht verstehen, daß einerseits die Bundeswehr verkleinert werden soll, andererseits US-Soldaten, Briten, Franzosen, Belgier, Holländer und selbst 100 Kanadier in Deutschland stationiert bleiben sollen. Selbstverständlich braucht Deutschland schlagkräftige, starke Streitkräfte. Aber doch deutsche Streitkräfte. Wer sich keine hinreichend starke eigene Armee leisten will, der läuft Gefahr, eine fremde Armee ins Land zu bekommen. Und wozu soll die Aufgliederung der Bundeswehr in multinationale Einheiten, noch dazu unter fremdem Kommando, gut sein? Warum, so frage ich nochmals eindringlich, untersteht die deutsche Armee nicht allein einem deutschen Generalstab? Die Deutschen

„Deutsche und Russen – gemeinsam unüberwindlich“

müssen sich doch ihrer Soldaten und ihrer Militärtradition wahrhaftig nicht schämen.
Was mithin den Abzug unserer russischen Truppen aus Deutschland anbelangt, so sollte er durch den Abzug der amerikanischen und überhaupt aller ausländischen Streitkräfte aus Deutschland ergänzt werden. Es wäre mir nicht begreiflich, daß eine Macht wie Deutschland des Schutzes durch fremde Armeen, die noch dazu nicht deutschem Kommando unterstehen, bedarf. Deutschland ist doch kein Protektorat.
Wer uns friedlich begegnet, braucht sich keine Sorgen zu machen. Wer aber Krieg gegen uns im Schilde führt, soll wissen, daß Rußland unter meiner Führung jeden Angreifer zu Boden schlagen wird. Russen und Deutsche könnten eine Verteidigungsgemeinschaft bilden, die unüberwindlich ist. Das in der Geschichte so oft bewiesene Heldentum deutscher und russischer Soldaten wird in Verbindung mit gemeinsam gestalteter Wehrtechnik jeden potentiellen Angreifer abschrecken.
Wenn es zu der von mir erstrebten deutsch-russischen Partnerschaft kommt, läßt sich über Königsberg reden und eine Lösung finden, die auch deutschen Interessen entspricht. Was 1945 territorial mit Deutschland geschah, war nicht der Geschichte, schon gar nicht der Weisheit letzter Schluß.

Eine friedliche Revision der Oder-Neiße-Linie auf dem Verhandlungswege, voll vereinbar mit dem Völkerrecht im allgemeinen und den Bestimmungen der Vereinten Nationen im besonderen, erscheint mir wesentlich gerechter, als die Ergebnisse der Vertreibung als letztes Wort der Geschichte oder gar als „gerechte Strafe“ hinzunehmen.
Mir ist bekannt, daß viele Journalisten und nicht wenige Politiker in Deutschland regelrecht geschockt waren, als die von ihnen mehr oder weniger angebetete Elbe-Werra-Linie sich 1989 und 1990 keineswegs als der höchsten Weisheit letzter Schluß erwies. Separatisten in West- wie Mitteldeutschland mußten ohnmächtig zusehen, als sich der Zusammenschluß von Bundesrepublik und DDR mit der Gewalt eines Naturereignisses, aber glücklicherweise ohne einen einzigen Toten, vollzog. Wenn Gott diese Leute den gewaltigen Schreck der Wiedervereinigung bei guter Gesundheit überstehen ließ, so wird er auch dafür sorgen, daß sie eine friedliche Revision der Oder-Neiße-Linie überleben.
Deutschland hat wahrhaftig im letzten halben Jahrhundert viele ausländische Politiker gesehen, die alles andere waren als Freunde des deutschen Volkes. Je mehr manche Leute gegen Deutschland gewütet haben, desto ergebener und unterwürfiger waren die Reaktionen. Ich mache mir nicht de Gaulles Wort zu eigen: „Die Deutschen sind arme Schweine, denn man hat ihnen das Rückgrat gebrochen.“ Aber ich gewinne doch den Eindruck, daß die Gehirnwäsche der Umerziehung in vielen Deutschen psychologische, ja bei manchen sogar psychopathische Veränderungen hervorgerufen hat. Wenn zum Beispiel Frau Thatcher in ihren Erinnerungen in epischer Breite schildert, wie sie die Vereinigung von Bundesrepublik und DDR zu verhindern trachtete, dann gilt sie für gewisse Leute in der Bundesrepublik vermutlich als Prototyp des modernen Deutschenfreundes. Wenn ich hingegen immer wieder eine einvernehmliche Regelung für Ostpreußen auch im deutschen Sinne in Aussicht stelle und wenn ich zugleich das furchtbare Unrecht der Oder-Neiße-Linie als in einer friedlichen Verhandlungslösung revisibel betrachte, dann werde ich als Ausgeburt der Hölle und rasender Deutschenfeind verteufelt.
Von Jugend auf befasse ich mich mit Geopolitik. Ich bin auch Vorsitzender des Geopolitischen Ausschusses des russischen Parlamentes, der Duma. Naturgemäß mache ich mir viele Gedanken über gerechte

Lösungen. Ein US-Präsident hat einmal bemerkt, nichts sei endgültig geregelt, was nicht gerecht geregelt ist. Warum also soll nicht eine Revision, das heißt eine ganz und gar friedliche und mit dem Völkerrecht konforme Verhandlungsregelung in bezug auf Ostdeutschland diskutiert werden dürfen? Warum soll für das deutsche Volk ein minderes Recht gelten? Es ist ja auch wirklich nicht so, daß Polen mit den deutschen Ostgebieten glücklich geworden und daß Ostdeutschland heute ein blühendes Land wäre. Überlegungen zur friedlichen

„Ich setze auf ein gesundes und kräftiges, selbstbewußtes und souveränes deutsches Deutschland“

Revision der deutschen Zerstückelung können nicht länger ein Tabu sein. Ich setze auf ein gesundes und kräftiges, selbstbewußtes und souveränes und auch wieder deutsches Deutschland als gleichberechtigter Partner Rußlands.

Wenn es in der Zeitschrift „Spiegel“ heißt, die Deutschen müßten „nahezu jedes Risiko eingehen, Polen in den jetzigen Grenzen zu erhalten“, Bedingungen dürften daran nicht geknüpft werden, hierin liege die „Priorität Nummer eins“, so bin ich in der Verkehrung logischer Überlegungen zu wenig geschult, derartige Gedankengänge zu begreifen. Wieso sollte es für das deutsche Volk „Priorität Nummer eins“ sein, Polen in den jetzigen Grenzen sicher zu erhalten? Und warum wird auf der deutschen Seite immer heruntergespielt, ja ignoriert, was für ein furchtbares Unrecht die Oder-Neiße-Linie darstellt? Sollen am Ende deutsche Soldaten gegen ein Rußland kämpfen, das den Deutschen in Freundschaft verbunden ist, um friedliche Verhandlungen über eine Rückkehr der deutschen Ostgebiete für alle Zeit auszuschließen und schließlich zu einer deutsch-russischen Todfeindschaft zu gelangen? Was geht bloß in den Köpfen solcher Leute vor?

Es trifft also zu, daß ich die Oder-Neiße-Linie weder als letztes Wort der Geschichte noch als Gottesgericht ansehe. Vielmehr war nicht nur ich erstaunt, daß bei den „2+4-Verhandlungen“ Bonn eine friedliche Revision nicht einmal hinsichtlich westlich der Oder gelegener Territorien wie Stettin und Swinemünde anregte. Dabei hatte Warschau diese Gebicte in einem von den damaligen Siegern nicht gebilligten Gewaltstreich besetzt.

Wenn Rußland und Deutschland, etwa im Bereich Ostpreußen, eine gemeinsame Lösung fänden, so liefe das in keiner Weise, wie mir von böswilliger Seite unterstellt wird, auf eine Auflösung der Staatlichkeit Polens hinaus. Daß ich mit Dr. Frey alle deutsch-russischen Fragen in Harmonie erörtert habe, ist keine Sünde. Doch dies rechtfertigt nicht Unterstellungen, „daß Schirinowskij und Frey von Berlin oder München aus die Karte Europas neu zeichneten“ („Süddeutsche Zeitung“). Friedliche Grenzrevisionen auf dem Verhandlungswege entsprechen den völkerrechtlichen Regeln. Das Königsberger Gebiet darf kein Zankapfel zwischen Deutschland und Rußland sein. Wir werden eine Formel finden, die beide Seiten voll zufriedenstellt.

Trotz aller Sabotageversuche verantwortungsvergessener Kreise bin ich der festen Überzeugung, daß sich auf Dauer auch in Deutschland die Kräfte der deutsch-russischen Verständigung, ja des deutsch-russischen Schulterschlusses durchsetzen werden. Die Deutschen werden doch nicht versäumen, zuzufassen, wenn sie den Mantel Gottes rauschen hören, um ein Wort des von mir verehrten großen Bismarck zu zitieren.

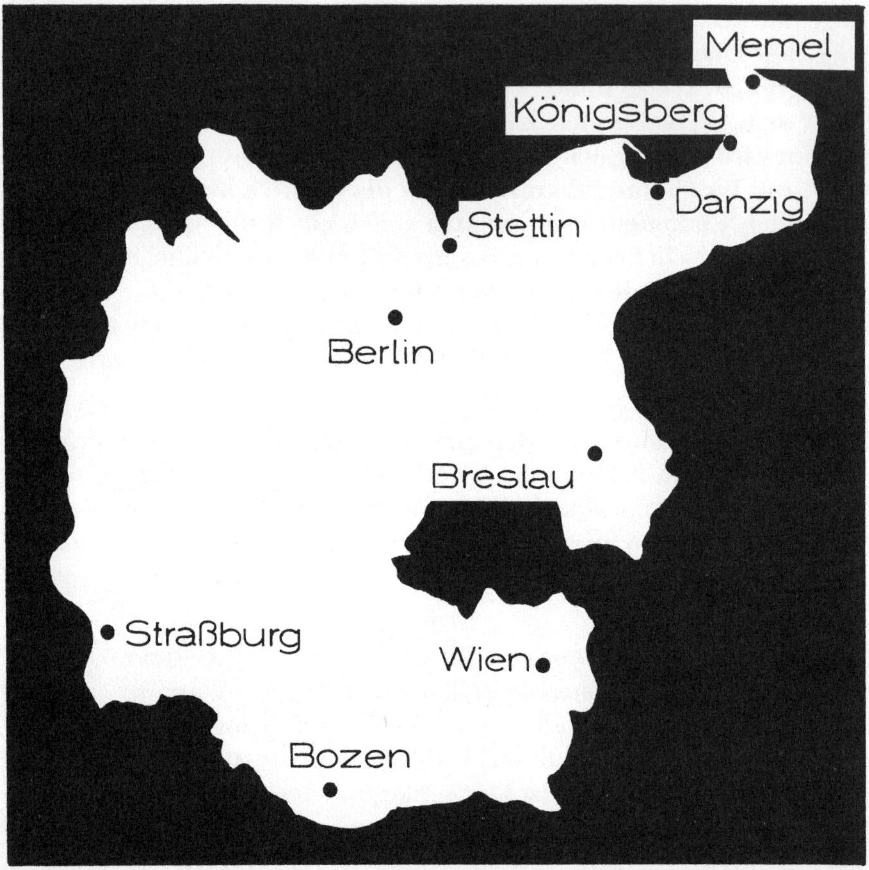

In diesen Grenzen wünschten sich Stauffenberg und weitere maßgebliche Mitverschworene des 20. Juli 1944 das Deutsche Reich nach Hitlers Beseitigung und Kriegsende.

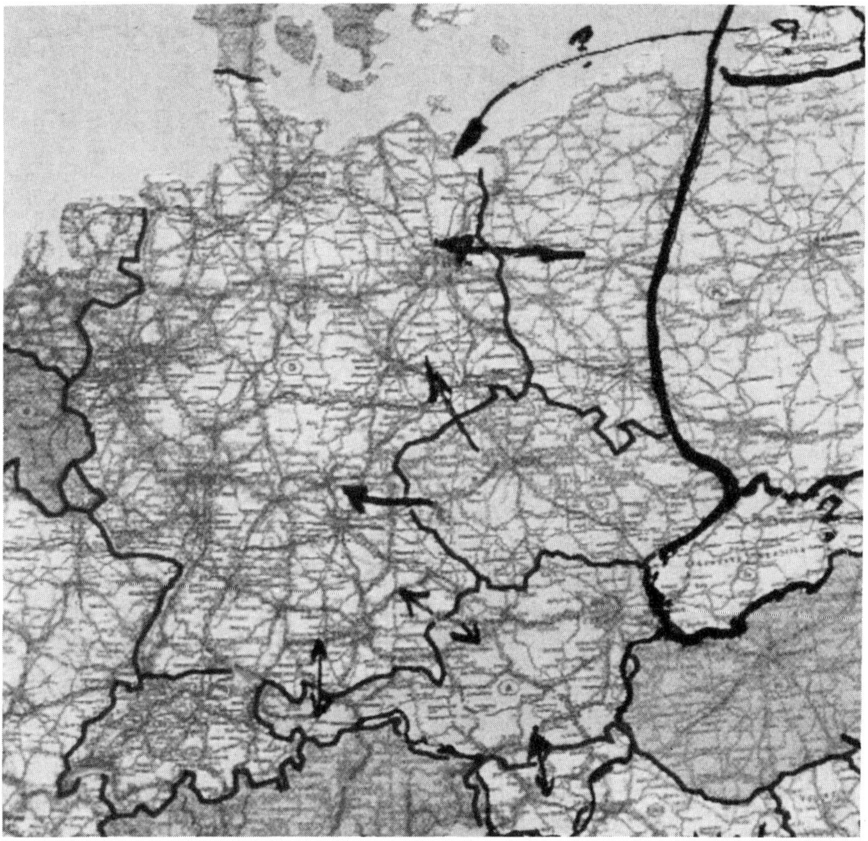

Mitteleuropa-Ausschnitt auf der vom französischen Ex-Diplomaten Gauffin 1994 der Öffentlichkeit vorgestellten, mit Schirinowskijs Unterschrift versehenen Europa-Karte.

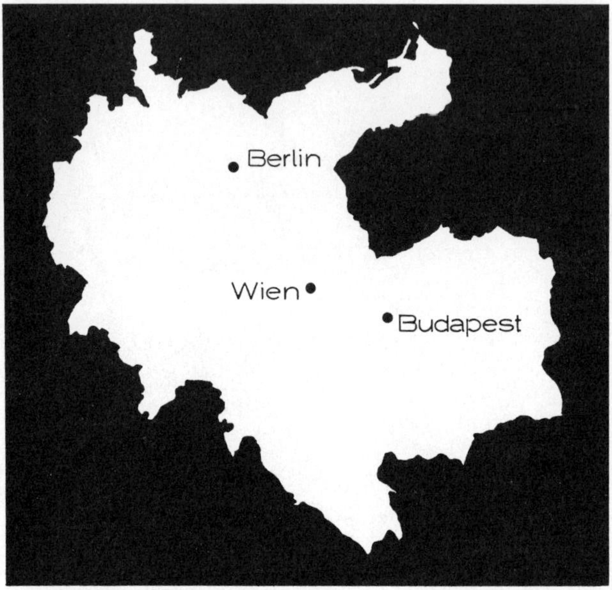

Das vereinigte Mitteleuropa, wie es 1848/49 in der Paulskirche erörtert und 1915 von dem Vordenker der deutschen Liberalen, Friedrich Naumann, vorgeschlagen wurde.

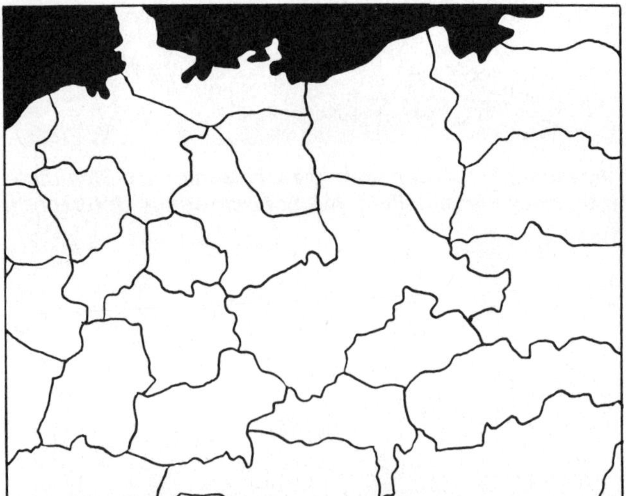

Das zerklüftete Mitteleuropa nach dem Europa-Plan des niederländischen Großunternehmers Heineken, der 1992 von bundesdeutschen Medien wohlwollend vorgestellt wurde.

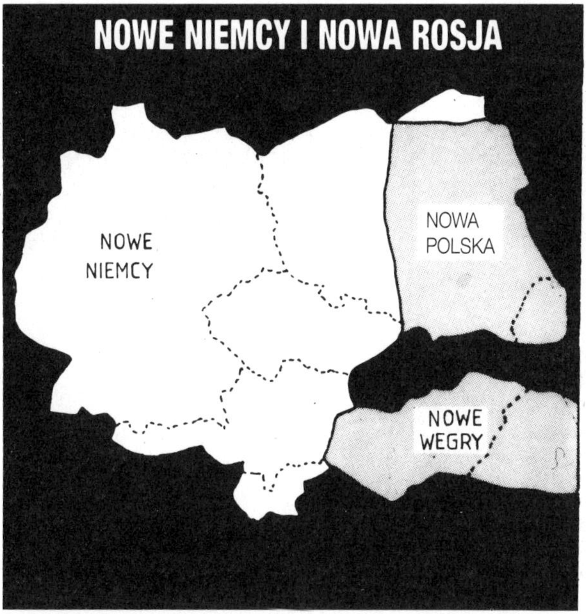

Schirinowskijs Mitteleuropa-Vorstellungen gemäß polnischer (oben) und brasilianischer (unten) Mediendarstellung.

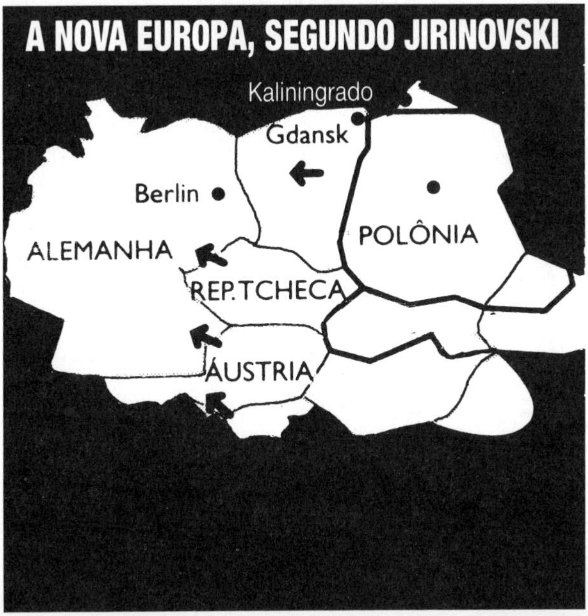

MOSKAUER ERKLÄRUNG

EINGEDENK
bitterer Lehren beider Nationen aus geschichtlichen Abschnitten des Gegeneinanders

IN WÜRDIGUNG
der langen Zeiträume der für beide Staaten und ganz Europa segensreichen Freundschaft zwischen Rußland und Deutschland

SIND
die Vorsitzenden der Liberal-Demokratischen Partei Rußlands (LDPR) und der Deutschen Volksunion (DVU), Wladimir Schirinowskij und Dr. Gerhard Frey, wie folgt übereingekommen:

Erstens

Nie wieder sollen die beiden größten Völker des Abendlandes die Waffen gegeneinander richten. Russen und Deutsche sind nicht zur Feindschaft verdammt, sondern zur Freundschaft bestimmt.

Zweitens

Eine enge russisch-deutsche Partnerschaft soll sich auf alle Gebiete erstrecken. Dabei ist das Prinzip der Nichteinmischung in die inneren Angelegenheiten des Partners unbedingt zu achten. Gemeinsam sind Russen und Deutsche unschlagbar.

Drittens

Es ist Rußlands geschichtliche Bestimmung und unveräußerliches Recht, als Großmacht frei von jeder fremden Bevormundung zu wirken. Dem deutschen Volk steht es unbedingt zu, sich von jedweder Fesselung seiner Selbstbestimmung und nationalen Souveränität zu befreien.

Viertens

Die deutsche Seite bekundet volle Sympathie für Rußlands Begehren, die Rechte und Selbstbestimmung auch jener 25 Millionen Russen durchzusetzen, die außerhalb der gegenwärtig bestehenden russischen Staatsgrenzen leben. Die russische Seite unterstützt deutsches Streben nach gerechter Lösung der nationalen Frage gemäß Selbstbestimmung. Friedliche Grenzrevisionen auf dem Verhandlungswege stehen im Einklang mit dem Völkerrecht.

Fünftens

Das nördliche Ostpreußen soll eine Brücke der Verständigung zwischen Russen und Deutschen sein. Eine gerechte Lösung unter voller Berücksichtigung beiderseitiger Interessen wird angestrebt.

Moskau, am 29.6.1994

....

Wladimir Schirinowskij Gerhard Frey